焚き火を囲んで聴くキリスト教入門

by 大頭眞一と焚き火を囲む仲間たち

Forest Books

はじめに

聖書や信仰、教会には不思議に思うことがたくさんあります。それらはたいていの場合、白か黒かと言い切ることのできない微妙さを含んでいて、しかも、その微妙なところが、そのものの核心に触れている、そんな気がするのです。ある日、そんなことを考えていたぼくはよいことを思いつきました。ひとりでとうとうと論じるのではなく、だれかと、その微妙なところを語り合う。それも、焚き火を囲んでいるかのように素直な気持ちで。それを、そのまま読み物にしたら、いろいろいつも思いめぐらしている方がたの参考になるのでは、と思い立ち、この企画を「百万人の福音」に持ち込んだところ、とんとん拍子に話が進んだというわけです。

クリスチャンが信仰を深めるために、また、クリスチャンでない方がキリスト教を知るにも役立つと思います。それでは、不思議で微妙で、しかも温かい焚き火へ、みなさんもどうぞ。

大頭眞一

目次

第二章　クリスチャンという生き方

※本書は月刊「百万人の福音」（いのちのことば社）で連載された「焚き火相談室」（二〇二〇年～二〇二三年掲載）からセレクトしてまとめたものです。文中の時に関する記述は、雑誌掲載時のものです。
※質問は、読者から寄せられたものの他、編集部で設定したものも含まれています。
※同じ言葉でも発言者の考え方により、表記をあえて変えています。たとえば「神」「神様」「神さま」、「僕」「ぼく」など。

イラスト：早矢仕〝じょ～じ〟宗伯
日本福音自由教会の牧師を二十四年間務めた後、「New Creation Arts Movement イエスの風」を立ち上げ、アート、生きざまでイエスを表現し、日本の教会、社会に神の国が現れるように活動中。

第一章　聖書についての素朴な疑問

Q「十字架でキリストが死んだけど、神は死なないんじゃない？」

《テーマ　神性と人性》ゲスト回答者

日本ホーリネス教団　小金井福音キリスト教会、相模原キリスト教会 牧師
濱和弘

《質問》「聖書には、神であるキリストが十字架で死んだとあるけど、神は死なないいんじゃないですか」

神であり人であるイエス

大頭　この質問に答えるのに、聖書の使徒二〇章にある「神がご自身の血をもって」が関係していると思いますが……。

濱　正確には「神がご自分の血をもって買い取られた神の教会を牧させるために」（28節）とある。ここは、とても重要なことを示唆していると思います。「神がご自分の血をもって買い取られた」というのだから、ここで言う神はイエス・キリスト様です。これは、イエス・キリスト様の神性が示されていると同時に、その神が十字架の上で死なれたと言っている。本来死ぬ必要のない神が死なれるとは、すごいことですよね。

大頭　でも、神は死ぬのですか？

濱　神は永遠の存在だから、神が死ぬなんて

濱　和弘（はま かずひろ）
1958年愛媛県生まれ。1977年に受洗。1994年に日本ホーリネス教団の牧師となり、超教派の働きや東京聖書学院の講師なども務める。現在、小金井福音キリスト教会、相模原キリスト教会牧師。

ことは、普通は考えられないし、死ぬ必要もない。だから、「十字架の上で死なれたのは人としてのイエス様であって、神としてのキリスト様ではない」と言う人もいる。でも、神であるイエス・キリスト様が人となることで、人としても、また神としても死なれたとも考えられる。というのも、イエス・キリスト様のご人格の中において、人であることと神であることが混合されてもいけないけど、分離することができない。だから、イエス・キリスト様が十字架の上で死なれたということは、人が死ぬことであるとともに、神が死なれたということでもあるんじゃないでしょうか。

大頭　それが、愛？

濱　そうですね。もし、その死が罪を裁き、罪を償わせるためのものなら、愛じゃないと言われても仕方がない。そもそも、償ったから赦《ゆる》してやろうじゃ、無償の愛じゃないですよね。だから聖書は「買い取られた」（贖《あがな》われた）と言っています。

大頭　そこ、もっと教えてください。

濱　ずっと昔、紀元二世紀頃のエレイナイオスという人が「神が人となった。それは人が御言葉《みことば》と混ぜ合わされ、子とする恵みを受けて神の子となるためであった」と言っています。これは人間がまったく神と同じになるというわけではありません。

神は霊なので、目には見えない存在です。でも、人間は肉体をもっています。だから霊である神と人間とは絶対に違います。でも同時に、人間は肉体に神の霊を吹き込まれたことで生きた人間として存在しています。つまり、人間は神によって与えられた神の霊によって生きる者として、神に造られているのです。だから、人間には神の像(かたち)が与えられている。別の言葉で言えば、その神の像に沿って、神の似姿を現すために創造されたとも言えます。要は、人間は神につながるものであり、神の御《み》心《こころ》に従い、神の御心を具体的にこの世に現す存在としてこの世に送り出されているのです。それが、創世記一章で「さあ、人をわれわれのかたちとして、われわれの似姿に造ろう」(26節)という言葉の中に現れていると言ってよいのではないでしょうか。つまり、神の愛は神の創造の業《わざ》の中に現れているのです。

でも人は、神の御心に従わず、むしろ人間の欲望の方が神の御心に優《まさ》り、その欲望に従って自分の生き方を決めてしまっている。つまり神が善しとするところではなく、自分の良いと思われること、自分の望み欲するところのものを実現するために生きていることの方が多い。

それは、創世記三章でエバが善悪を知る

木の実を食べた時の、「そこで、女が見ると、その木は食べるのに良さそうで、目に慕わしく、またその木は賢くしてくれそうで好ましかった。それで、女はその実を取って食べ、ともにいた夫にも与えたので、夫も食べた」（6節）という生き方そのものです。まさに創世記一章から三章の創造の物語は、人間とは何者で、いかに生きるべきかということと、そこから逸脱してしまった人間の現実が物語られていると言ってもいいのではないでしょうか。

　もちろん、欲望も神が人間にお与えになったものだから、必ずしも悪いものではありません。でもそれは、神の御心に従って生きるという目的のための手段として与えられているものなのです。目的と手段が入れ替わってしまったらおかしいことになります。こうして本来は神の霊を宿す神の子として造られた人間が、神の子としての道を失い、その身分を失ったのです。

　その人間の現実に対して、神は人となられ、十字架の死にいたるまで神の御心に従順に従い抜くことで、神の子としての本来の姿を現し、私たち人間の失われた神の子の身分を回復し、神の子として生きる道を示してくださったと考えられないでしょうか。それが、東方教父たちの「神が人となられたのは人が神となるため」（つまり、神が人となったのは、人が神の似姿に回復されていくため）ということであり、かつ神がご自分の血を流し死なれた意味じゃないかと思います。そこに、神の回復と癒やしの愛があるのです。

大頭　雄大な物語ですねー。

濱　そう、神の壮大な救いの物語。

神の死は、慰めと希望に

大頭　「神が十字架に」ということはぼくたちの毎日にどんな変化をもたらしますか。

濱　一つは、私たちが日々いかに生きるかということの具体的な模範と目標が明らかになることではないでしょうか。イエス・キリスト様は人となられた神だから、神の御心を最も知っておられる。同時に欲望が神の霊に優って人間を支配する生き方も知っている。そのイエス・キリスト様が、十字架の死に至るまで完全に神に従って生きられた。そう考えると、イエス・キリスト様の模範は、十字架の死だけじゃなく、その生涯のすべてが、私たちの目指すべき模範だと言えます。だから、実際にどうしたらいいかと迷ったときも、イエス・キリスト様のご生涯を思い起こし、それに倣って生きるという指針がはっきりするのではないでしょうか。

　そして二つめは、私たちが日々十字架で

死なれた神であるお方を目標とし、このお方に倣って生きようとするとき、私たちはもはや罪から解放されているということ。なぜならば、人となった神イエス・キリスト様は、最も神の御心を完全に知りつつも、欲望が神の霊に優って人間を支配する生き方をも知っておられるから。つまり、神ご自身が、神に向かって生きる生き方と、欲望に従って生きる生き方の狭間にある葛藤を経験してくださったのです。それは、マタイによる福音書の四章にある悪魔による荒野の誘惑や、二六章のゲツセマネの祈りに見事に物語られています。

その葛藤の中で十字架の死に至るまで完全に神に従って生きられたお方だからこそ、イエス・キリスト様の十字架の死、つまり神の死は、罪に対する神の絶対的勝利だと言えます。そのイエス・キリスト様の勝利を模範とし、神を信じて生きる者もまた、この勝利に与《あずか》り、罪から解放され、もはや神の恵みの支配のもとに置かれます。だから、もはや罪の支配下に置かれていないのです。もちろん、私たち人間は、それでも過ちを犯すことがある。でも、神を信じ、イエス・キリスト様の十字架の死を見上げ続けるならば、私たちは再び罪の支配のもとに繋《つな》がれることはないと言えると思います。

三つめは、これが最も大切ですが、この神の死の物語は慰めと希望に満ちているということ。神はすべてに満ち満ちているお方なので、神ご自身は悲しんだり、絶望する必要などありません。そのお方が敢《あ》えて人となられて生き、そして死なれた。それは、私たち人間が生きる苦悩や悲しみとともに死という絶望を知ってくださり、人間の痛みに寄り添ってくださった。

その痛みに寄り添う神の姿が、神の教会を通して具体的に表されていくのです。だから聖書は、「個人」ではなく「神の教会」を買い取ったと言っています。神が十字架で血を流され、「神の教会」という神の民の群れを買い取ってくださった。その教会を通して、日々の生活の中で悩み、苦しみ、最後は死という絶望的な出来事の前に立たされても、私たちは、慰められ、支えられ、希望を見いだして生きることができるのです。だからこそ、神を信じる者の群は、裁きではなく、慰めと、励ましと希望が語られる「神の教会」を建て上げていくことが大切なのではないでしょうか。

大頭 それは壮大な神の救いの物語であるとともに、神の大いなる慰めの物語でもあるんですよね。

Q「聖書って六十六巻もあって全体がよくわからないのですが」

《テーマ　聖書は一つの物語》　ゲスト回答者

関西聖書神学校　校長　**鎌野直人**

《質問》「聖書は、六十六巻で構成されてるけれど、書き方も内容も違っていて、いまいち全体像がよくわからないのですが」

神の壮大な計画の実現へ

大頭　この質問には、『聖書六十六巻を貫く一つの物語〜神の壮大な計画』[※1]という本を出版した鎌野直人先輩に聞いてみます。どんなことを書いた本ですか。

鎌野　三つのことを狙って書きました。まず、断片的な聖書の読み方からの脱却です。ディボーションをするとき、一度に一章、もしくはそれ以下の断片しか読みません。礼拝説教でも、聖書のある一節からということもあります。このような断片的な聖書の読み方では、どうしても小さな箇所のことにしか目が向きません。一つの書について緒論的な学びをすることもあるでしょう。それでも、その書が聖書全体とどのようにつながっているのか、考えない場合が

※1　いのちのことば社刊

多いのではないでしょうか。
「贖罪のみの強調」も断片的な聖書の読み方です。聖書に書かれていることを、私たち人間の救いとそのためのキリストの犠牲に限定してしまう「断片的」な読み方です。もちろん人間の贖罪が聖書のメッセージの中心にあることは事実です。しかし、このような読み方が強調されたがために、キリスト教神学では、創造論と贖罪論の密接な結びつきが軽視されてしまいました。

大頭　たしかにそういう面はありますね。

鎌野　狙ったことの二つ目は、旧約聖書の重要さの確認です。旧約聖書が読まれるとき、多くの人はメシア（救い主）の来臨の予告であると考えます。新約聖書との直接的な結びつきを見いだせない旧約聖書の箇所に当たると、象徴的に読んでみたり、極端な場合、キリスト者には無関係であると切り捨てたりすることもあります。

ところが、マタイの福音書の冒頭の系図を読もうとすると、旧約聖書の基礎知識が必要となります。系図の背景にあるイスラエルに対する主《しゅ》の選びと契約を知らない限り、新約聖書を適切に理解できないからです。もちろんメシア預言は重要ですが、バビロン捕囚や出エジプトも新約聖書の理解には不可欠です。天地創造や人が神のかたちに造られたことの意義も的確に理解しないと、新約聖書を誤解してしまいます。ですから、聖書全体を理解するために、本書全体の半分程度のスペースを（これでも短いと思いますが）あえて旧約聖書に当てました。

大頭　新約と旧約では雰囲気がだいぶ違いますが、実は密接に絡んでいるのですよね。

鎌野　そうです。狙ったことの三つ目は、キリスト者が聖書を読み、キリスト者としてこの世界で生きるために最も必要なのが、「自らの世界観が変化すること」です。

大頭　クリスチャンでも、この世の価値観で判断してしまうことがありますね。具体的にはどんな変化が求められるのですか。

鎌野　世界観の二つの面の変化が必要だと考えています。

一つ目は、神と世界の関係です。神はこの世界にどのように働かれるのか、再検討しなければなりません。神は世界と完全に分離した存在で、人々から遠く離れている方でしょうか。逆に、神と世界が完全に一致していて、あらゆる存在が神なのでしょうか。聖書は、神はご自身が選んだ方法で、この世界に深く関わられる、と語っています。つまり、神の領域である天と被造物の領域である地は、分離しておらず、一致しておらず、両者は組み合わされ、結び合わされていると理解しているのです。本書では、神殿を神と被造物が関わり合う代表的

鎌野直人（かまの なおと）

関西聖書神学校校長、日本イエス・キリスト教団神戸中央教会副牧師、AGST/J Th.D.課程主任。「伝道者の書」の研究で哲学博士号を受ける。近著に『聖書六十六巻を貫く一つの物語』（いのちのことば社刊）がある。

な場所として紹介しています。

大頭　ということは、神と人との関係も同じということですか。

鎌野　そうです。神と、神のかたちに造られた人との関係にも、この世界理解は現されています。神は人を通してご自身の地上における働きをするのです。

「世界観の変化」の二つ目は、世界はどこから始まり、今どのような状況で、どこに向かっているのか、という時間や歴史という点です。哲学的には「大きな物語」とか「メタ・ナラティブ」とか言われている視点です。タイトルにある「一つの物語」という表現は、この視点を現しています。「神の壮大な計画」がどんなものであるか、をこの物語は指し示しています。世界が破滅するのが神の計画なのでしょうか。どんどん進歩することが神の計画なのでしょうか。いいえ、聖書は、私たちがなんとなく思い浮かべているような将来の姿とは異なった神の計画を物語として描いているのです。

神の壮大な計画の実現へ

大頭　その物語とは？

鎌野　基本的には、『せかいは新しくなる』※2という本が描いている六幕の物語が理解しやすいので、それに沿って紹介します。

(1) 創造

神は天と地とその中に生きるすべてのものを造られ、その最後に人を造った。そして、人にこの世界で増え広がり、地を管理

※2　文・日本聖書協会、絵・藤本四郎、みんなの聖書・絵本シリーズ36、日本聖書協会刊

し、他の被造物の世話をするように命令した。実に、よい世界を神は造られた。

(2) 堕落と再創造

ところが人は神の言うことを聞かず、世界は悪くなっていった。そこで、神は、その世界を洪水で滅ぼすことにした。しかし、神に従って歩んでいたノアとその家族だけは救い出した。神は彼らに世界で増え広がり、他の被造物を管理する務めを与えた。洪水を通して、世界は再創されたのだ。

(3) イスラエル

ノアの子孫は増えたが、神との関わりの道を自分の力で切り開こうとして、人は塔を建てようとした。そこで、神はその野望を打ち砕く一方で、アブラハムとその子孫であるイスラエルを選び、彼らを通して地上のすべての人を祝福しようとした。エジプトで増えたイスラエルは、一時、ファラオの奴隷とされた。しかし、神は彼らを救い出し、世界を治めるために必要な道である律法を教えた。さらに、彼らをカナンの地に導いた。ところが、イスラエルは律法に従わず、むしろ偶像を拝み、貧しい者を助けず、正しい人を殺した。その結果、神は王を廃し、神殿を破壊し、イスラエルをバビロンへ追放した。それとともに、神は預言者を送って、やがて正しい王メシアが登場し、イスラエルと世界を正しく治めるとの約束を彼らに与えた。

(4) イエス

メシアであるイエスがベツレヘムに誕生した。成人したイエスは、病人を癒やし、空腹な者にパンを与え、嵐を鎮め、悪霊を追い出し、盲人の目を開き、神の王国の到来を告げ知らせた。イエスの周りに神のよい世界が始まった。しかし、人々はイエスを受け入れず、むしろ捕らえて、十字架につけ、殺した。ところが、三日目に、神はイエスを死人の中から復活させた。イエスは、弟子たちに御自身を示した後、天にのぼり、神の右に座して、王として世界を治めはじめた。

(5) 教会

イエスが人に聖霊を送られた後、弟子たちは世界中にイエスこそ世界の王であると伝え始めた。そして、この知らせを通して、神を愛し、互いに愛し合う人々が生み出され、教会が生まれた。そして、世界のすべての民の中に神のよい世界を広げられた。

(6) 新創造

イエスはもう一度地上に来られ、悪を正しくさばき、世界を正しく治める。新しい天と地が到来し、すべては新しくされる。新しくされた人はこの世界を管理し、正しく世話をするようになる。神のよい世界が完成し、神がそこに人と共に住まわれる。

◆

この六幕の物語で特に大切な点が三つあります。まず、神が創造した全被造物の完成を目指しておられ、そのために神のかたちに創造した人を用いるということです。ですから、「新創造」と呼ばれる全被造物の完成がこの物語のゴールです。

次に、人は、この物語をゴールへと導く「神のかたち」としての重要な役割を与えられてはいますが、物語の中心はあくまでもこの完成を実現する神です。「人」ではなく、『神』の壮大な計画」なのです。

三つ目に、神はご自身が選んだイスラエルにこだわっておられるということ。メシアであるイエスは、このイスラエルの働きを集約的に引き受けています。

大頭　今まで言われていなかったのですか？

鎌野　同様の考え方は新約聖書にも示されていますし、現代に至るまでさまざまな人が語っています。大頭さんも、一生懸命に似たことを言っていますよね。

パウロをはじめ、二世紀の教会教父であるエイレナイオス、宗教改革者の中にも見いだすことができます。近年ではC・バーソロミュー[※3]のほか、N・T・ライト[※4]などもこの物語理解に基づいて新約聖書を理解しています。私の本には彼の影響も見え隠れしています。ただ、私は旧約聖書学者ですので、旧約聖書の部分にはより力を入れています。

大頭　新しくなっていく世界のなかで、ぼくたちも新しくされながら、神さまのお働きに加えていただきたいですねー。

※3　南アフリカ出身の神学者　※4　イギリス国教会の牧師、神学者

Q 「キリストの母マリアは、処女のまま身ごもったそうですが、空想ですよね？」

《テーマ　神の全能性》　ゲスト回答者　カトリック枚方教会司祭　昌川信雄

《質問》「イエス・キリストの母マリアは、処女のまま身ごもり、出産したと聖書に書かれてますが、そんなこと考えられません」

全人類への約束

大頭　今回のお題は処女懐胎です。これは受肉・復活と並んでキリスト教三大不思議と言われているところ。処女が妊娠するというわけですから、本当に不思議なことです。マリアと言えばやはりカトリック。カトリックの方々はたいへん深い思い入れをもっておられます。そこで今回は、ぼくが大好きな、カトリック枚方教会（クラレチアン修道会）の昌川信雄神父に相談してみました。

昌川神父、処女が懐胎するという途方もないことを、どういうふうに理解したらよいのでしょうか。

昌川　確かに私たちの常識からは不思議なことです。けれどももっと不思議なことがあります。それは神さまが人になるということです。そしてそれは私たちを放っておくことができない大きな愛のゆえでした。
　神さまが人になるときに、普通の生まれ方をなさらないのは実は自然なことだと思います。神さまにはできないことが何もありませんから、処女から生まれることもおできになるのです。

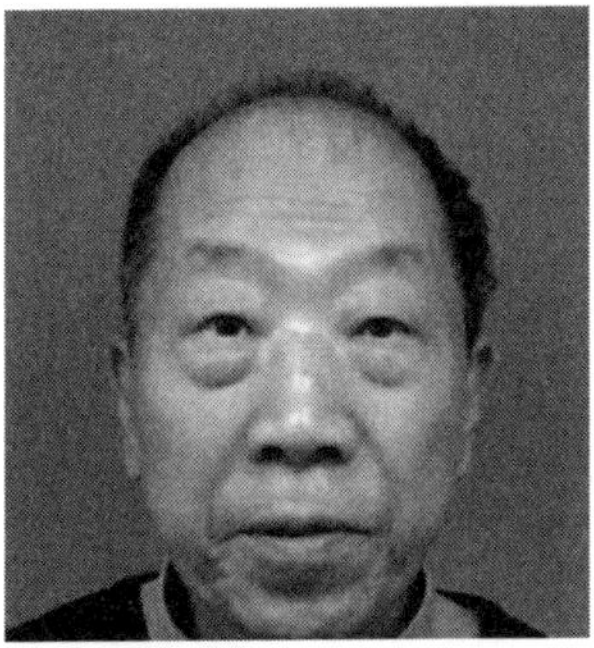

昌川信雄（まさかわ・のぶお）
1944年生まれ。38歳でクラレチアン宣教修道会に入会。46歳で司祭叙階。釜ヶ崎で野宿者と共にダンボール収集生活を送る。現在、大阪にあるカトリック枚方教会司祭。

大頭　なるほど。神さまの存在を認めるなら、奇蹟はあり得る。そんな奇蹟の一つが処女懐胎なわけですね。すると、現代でも誰かが処女懐胎するということはあり得るのでしょうか。

昌川　理論的にはあり得ます。神さまには何もできないことはないのですから。けれども、実際には神さまはそんなことはなさらないでしょう。なぜならマリアの処女懐胎は、たとえば、聖書のイザヤ書に「それゆえ、主みずから、あなたがたに一つのしるしを与えられる。見よ。処女がみごもっている。そして男の子を産み、その名を『インマヌエル』と名づける」（7・14第三版）などと、数百年もの間、預言されていた全人類への約束だからです。神さまがご自身でこの世界に来てくださり、私たちを罪と死の奴隷から解き放ってくださいました。

私たちを縛る罪と死

昌川　罪というのは、神さまと愛し合い、仲間と愛し合うために創られた私たちが、愛することができないでいることです。それを自分ではどうにもできないのですから、私たちは罪の奴隷です。

　死もまた私たちを、神さまから、そして仲間から切り離してしまいます。これもまた、私たちにはどうしようもないのですから、私たちは死の奴隷でもあるのです。

大頭　なるほど、だからイエスは十字架にかかってくださったのですね。お話を伺ううちに、ヘブル書の二章を思い出しました。

「そこで、子たちはみな血と肉とを持っているので、主もまた同じように、これらのものをお持ちになりました。これは、その死によって、悪魔という、死の力を持つ者を滅ぼし、一生涯死の恐怖につながれて奴隷となっていた人々を解放してくださるためでした」（2・14〜15第三版）。

　つかみどころのない罪と死の力を、まるではがいじめにするようにして、キリストが十字架の上に引きずり上げ、そこを父の悪への怒りがキリストもろともに貫いた。そんなふうに私たちのために死んでよみがえってくださったキリストが、私たちを解き放ってくださったのですね。

昌川　まさにその通りです。

大頭　そのすべてが神さまのみわざなのです

から、処女懐胎もマリアが奇蹟を行ったのではなく、マリアは神さまの奇蹟を受け入れたということですね。

カトリックとマリア

大頭　では、カトリックの方々が像を作ったりしてマリアを礼拝しているかのように思えるあれは、どう考えたらよいのでしょうか。カトリック枚方教会にもマリア像がありますね。

昌川　はい、それはよく誤解されるところです。カトリックの人々はマリアを礼拝しているのではありません。「マリアを崇拝している」とは言います。つまり尊敬して敬っているわけです。マリアを神として礼拝しているわけではないのです。

大頭　でも、マリアに祈ったりしませんか？

昌川　神の家族ということを考えてくださったらわかりやすいと思います。使徒信条に「聖徒の交わりを信ず」とありますね。これは、イエス・キリストにおいて結ばれているすべての者が、神さまの一つの家族として、神さまのいのちを共有していることを言います。そして、このことはまだ人生の途上にある者にも、すでに世を去って神さまのもとにある者にも同様に言えます。

神の子らは時間と空間の違いを超えて一つに結ばれ、神さまのいのちを共有しています。そこでキリスト者は、亡くなった兄弟姉妹のために、彼らが神さまのもとで永遠のいのちにあずかるように祈ります。逆に私たちが人生の途上でさまざまな試練に遭遇するとき、神さまのもとに召された兄弟姉妹が、私たちのためにとりなしの祈りをしてくれる、ということを信じています。

大頭　なるほど。ぼくたちプロテスタントにはあまりないイメージですね。死者のために祈るとか、死者がぼくたちのために祈るとか……。でも、じゃあプロテスタントはどんなイメージをもっているのかなぁと考えると何も思い浮かばない。ちょっとさびしい気もします。

思うにカトリックとプロテスタントって、言ってみれば脳の使い方が違うようなものかもしれません。カトリックは「聖徒の交わり」を、互いに祈り合う姿に見ます。その交わりが永遠であることを祈り合い続けると表現するわけです。いわば視覚をつかさどる中枢を駆使している画家のようです。

一方プロテスタントは、聖書に書いていること以外はできるだけ考えないようにします。まるで法を逸脱しないように見張る裁判官のようです。画家が裁判官になることはできませんし、裁判官が画家になることもできません。またその必要もありません。いや、それればかりか、むしろカトリックとプロテスタントは、たがいに補い合うために異なる中枢を担っているのだと思います。

法の番人であるプロテスタントは、時々は、カトリックという画家が描く色彩によって、神さまの麗しさを思い起こす必要があります。反対に、画家もまた、法の番

人によって、限度を超えた空想に身をゆだねていないかを気づかせてもらうべきなのでしょう。

そして、ぼくたちプロテスタントが特に注意しなければならないのは、孤独な法の番人になってはならない、ということだと思います。時としてプロテスタントはとても個人主義的になってしまうと思います。

昌川　マリアは神の家族のお母さんのような存在です。キリストに最も近しい人だからです。そのお母さんが私たちのためにとりなしてくださいます。だから私たちはキリストに祈るとき、父なる神に祈るとともに、マリアにもとりなしをお願いするのです。

大頭　なるほど！　あの話をしてくださいよー。

昌川　はい。「壊されてくださるマリアさま」ですね。あるご夫妻が私のところに、マリアさまの像を持って来られたんです。聞けば悩みの中にあるお嬢さんが「こんなマリア像なんか壊してやる！」と言うので、預かってもらいたい、というのです。

大頭　神父はどうなさったのですか。

昌川　最初、私は「はい、お預かりします」と言いました。けれどもすぐに言い直したのです。「やはり、お持ち帰りになってください。マリアさまは、喜んで壊されてくださいますから」と。

大頭　おお！「おことばどおりこの身になりますように」と、受胎告知に応答したマリア。マリアの思い、マリアの生き方は、御子《みこ》に似たものとされていったのですね。

ふたり　アーメン。

Q「聖書の神は、父、子、聖霊の三種類があるですか？」

《テーマ　三位一体》　ゲスト回答者

大阪正教会管轄司祭　松島雄一

《質問》「聖書の神様は、父なる神、子なる神、聖霊の三種類が出てきて、それが一体だと聞きましたが、よくわかりません」

キリスト教の基本

大頭　来ましたねー。いつか来るんじゃないかと思っていた。この質問は東方の賢者の知恵をお借りしましょう。大阪ハリストス正教会のゲオルギイ松島雄一司祭です。松島司祭、三位一体といえば、例の「至聖三者」のイコンがあまりにも有名ですが。なんだか三神論みたいでもあります。

松島　「三位一体の神」は「神人両性」、すなわち「キリストはまことの神であり同時にまことの人であること」に並んで、正統的なキリスト教の教えの基本と言ってよいものです。私たち正教信者は十字を胸に書くとき、三位一体の象《かたど》りとして親指・人差し指・中指の三本の指を合わせ、他の二本を神人両性の象りとして手のひらの側へ折ります。子どもたちは早くからこの形を教えられ、曖昧にすることのないよう厳しく躾《しつ》けられます。十字を書くたびに、私たちは正統キリスト教への信仰を告白しているのです。

「三位一体」の教えは「神は、本性においては唯一であるが、神の位格（ペルソナ）としては父・子・聖霊の御三方《おさんかた》である」ということです。本性は「何であるか」、位格は「誰であるか」を指示します。唯一の神が同時に御三方であり、この御三方がそれぞれ互いに区別された自由な意志をもった「お方」（位格）でありながら神としての本性を「万世《よろずよ》の前《さき》より」（ニケア・コンスタンティノープル信経）分かち合っています。この神性の分かち合い、すなわち一体性は、神性の起源である父から、子は「生まれ」、聖霊は「出る（発出）」ことで実現しています。

しかし、これは古代教父たちがしばしぶながら神の神秘を人間の言葉で表現したにすぎず、真実は言い尽くされてはいません。

キリストが洗礼を受けた時、キリスト（子）の上には神の霊（聖霊）が鳩のように降り、天から「これはわたしの愛する子……」という声（父）が響きました（マタイ3・16、17）。また主は昇天に際し弟子たちに「父と子と聖霊の名（名は単数形！）によって洗礼を授け（よ）」と命じました（マタイ28・19新共同訳）。これら福音書に伝えられる幾つかのエピソードを通じて、教会は「三位一体」を考え出された「教理」としてではなく、使徒たちが実際に体験した「現実」「出来事」として受け入れ続けてきました。

古代教会時代から今日まで何度か、人の言葉では捉えがたいこの現実に合理的な解釈を施す間違った教えが出ましたが、正統教会はその度に異端者を教会から切り離すという犠牲を払いながらも、断固として斥《しりぞ》けてきました。いくら不合理に見えようと

松島雄一（まつしま・ゆういち）
大阪正教会管轄司祭。1952年、香川県生まれ。34歳で受洗。13年間民間企業で働いた後、東京正教神学院へ。40歳で司祭に。近著『神の狂おしいほどの愛』（ヨベル社）がある。

も、体験された「現実」「出来事」は変えられないからです。

もし神のあり方について人間が「教え」を考え出そうとするなら、こんな信じにくいことを思いつくはずはありません。「神人両性」も同様でしょう。さらに「処女マリヤの懐胎」も、キリストの「体をもっての復活」も、使徒たちが体験した「現実」だからこそ、守り続けられてきたのです。体験された現実を歪《ゆが》めて伝えようとする者が出てきたから、人の言葉を用いて最小限の確認をしたにすぎません。三位一体の「現実」が暗示する神の真実は「神秘（隠されていること）」として、これ以上立ち入らないほうがよいのです。

三位一体に人も招かれ

大頭　なるほど、出来事！　使徒の働き二〇章二八節を思い出しました。「神がご自分の血をもって買い取られた神の教会」とあります。「神さまの血」というのは出来事として胸に迫ります。理屈ではなくて。では、神さまがそんな三位一体の神であるということは、ぼくたちの生き方にどういう影響がありますか。

松島　そう、三位一体は難解な神学的思弁のもてあそびの対象でも、「高尚な」「霊性」に達した少数の人たちの観想の対象でもありません。そのような「神棚」に三位一体を祭り上げてはいけません。私たちクリスチャン一人一人が、「バベルの塔事件」（創世11章）で人類が身に引き受けてしまったチリヂリバラバラの孤独ではなく、三位一体の神の交わりの姿、互いが自由な主体でありながら、互いを互いの内に完全に分かち合う「愛のかたち」として生き始めなければなりません。

人は神の「かたち」に創造されました（創世1・26）。神の「かたち」は何よりもまず「三位一体」のかたちです。壊れていた神のかたちをキリストはその死と復活を通じて回復しました。洗礼によって、人はその「かたち」を再び己の内に取り戻し、その「かたち」を「キリストの体」としての教会の、その交わりの現実の中で生き始めます。さらにこの「かたち」を、三位一体の神の恵みの内で、あらゆる人々との交わりの内に

現実化してゆこうと、この世の人々に働きかけます。

これが「すべての国民を弟子として、父と子と聖霊との名によって、彼らにバプテスマを施し、あなたがたに命じておいたいっさいのことを守るように教えよ」（マタイ28・19、20口語訳）と命じられたクリスチャンの生き方です。

大頭　「交わり」こそが、神のかたちなのですね。

松島　はい。では「三位一体」としての神の「かたち」とはどんな「かたち」でしょうか。

ここに掲げられている「三位一体」というニックネームをもつイコン（アンドレイ・ルブリョフ作、十五世紀ロシア）は、信仰と美の奇跡として、この神秘を垣間《かいま》見させてくれます。

少しの曖昧さもなく、くっきりと描き分けられた三人の天使が、誰が中心というでもなく、誰が支配者というでもなく、出しゃばりもせず、卑屈にもならず、何とも言いようのないゆったりとしたくつろぎの中で、交わりを保っています。どの一人が欠けても、この調和と一体性は破れてしまいます。そこには「永遠」を感じさせる朗らかな静けさとともに、三人が今にも立ち上がって舞い始めそうな動きへの予感があります。

教会という「神の民の集い」は言うまでもなく、信徒の家庭も交友も、ここに垣間見ることのできる聖三者のかたち（像）に、常に差し向けられています。

大頭　そして、三位一体の舞いの中にぼくたちも招かれて、ともに舞い始めるのですね。尽きることのない愛の舞いを。主イエスが最後の晩餐でおっしゃったことの意味がわかってきたようです。「その日には、わたしが父のうちに、あなたがたがわたしのうちに、そしてわたしがあなたがたのうちにいることが、あなたがたに分かります」（ヨハネ14・20）

Q「神はすべてを決められるのに『御子を犠牲にした』と言われても」

《テーマ　神義論》

ゲスト回答者　聖契神学校 教務主任　山﨑ランサム和彦

《質問》「人の罪はキリストの贖《あがな》い※によって解放され、永遠が約束されたと聖書にあります。しかし、罪のルールも贖いのルールも元々、全能の神が創り出したものではないでしょうか。そう考えると神自らが設定したルールにおいて御子《みこ》を差し出されたと言われても滑稽に思えてしまいます。本当は心から神に感謝したいのです。どうぞこの相談にご回答ください」

神がいるのになぜ悪がある？

大頭　ハードな神学の相談ですね。これは、神学校の教師でもある山﨑ランサム和彦先輩に相談してみましょう。

山﨑ランサム（以下、山ラ）　まず前提としてですが、創世記から黙示録まで、聖書の全体は一つの壮大なドラマとして考えることができます。もともと良いものとして創造されたこの世界に悪が生じて、その秩序が

※ 人間一人一人が犯す罪には、本来、神から受けるべき処罰が死後に待ち受けているが、キリストが十字架刑で処刑されることで身代わりとなり、人の受けるべき罰が免除されるという恵み。

乱されてしまい、神様の栄光を完全に反映することができなくなってしまいました。けれども神様はそれを最終的に回復してくださる、というストーリーです。人間の堕落とイエス・キリストによる贖いはその核心部分と言ってもいいでしょう。この聖書のストーリーには、良い物語がみなもっている基本的なパターンがあります。それは最初の状態があり、問題が生じ、その問題が解決されて、結末に至るというものです。

大頭　神さまの大きな愛の物語ですね。

山ラ　そうです。けれども質問者の方はまさにこの点に疑問をもっておられるようです。たしかにイエス・キリストを通して罪から救われることは素晴らしいことだけれども、そもそも神様が全能であるなら、人間が罪を犯さないようにはできなかったのか？人間が罪を犯したのは、神様がそのように意図してそのように導かれたのだろうか？もしそうだとすると、罪と贖いのドラマの全体が何だか神様の自作自演に見えてくる——。これはもっともな疑問だと思います。そしてこの方は、そういうもやもやなしに素直に神様の救いに感謝したいという真摯な願いをもっておられるのですね。

大頭　まさに率直さは最大の美徳ですね。

山ラ　これは神学的に言うと「悪の問題」とか「神義論」と呼ばれる問題だと思います。キリスト教が証《あか》ししているような、全能でしかも善い神が存在するなら、この世界に悪は存在しないはずである。けれども、現実には世界に悪は存在する。これをどう考えたらよいのか？　これはノンクリスチャンからキリスト教に投げかけられる最大の批判であると同時に、信仰者にとっても大きな難問ですね。

　これは別の表現をすると、次の三つの命題は同時には成り立たない、ということです。
①神は全能である。
②神は善である。
③世界には悪が存在する。
　さて、相談者の方は神の全能性に触れていますので、①は認めておられるようです。また「世界には罪があり」とも言われていますので、③も認めていると考えていいでしょう。そうすると、問題は②を心から主張できないということになると思います。つまり、この三つの中でも質問者の方が特に問題としておられるのは、罪のない世界を創ることもできるにもかかわらず、実際世界に罪が存在することを許しておられる神様は、たとえ後からその罪の問題を解決されるにしても、果たして完全に善なるお方だと言えるのだろうか？　ということですね。これは確かに深刻な問題だと思いま

山﨑ランサム和彦
（やまざきランサム・かずひこ）
1970年生まれ。東京大学教養学部卒。同大学院修士課程修了。ベテル神学校、トリニティ福音主義神学大学院卒。新約聖書の研究で哲学博士号を取得。現在、聖契神学校教務主任、鶴見聖契キリスト教会協力牧師。

す。善でない神様を愛し礼拝することは難しいことです。

大頭　これは難問だなー。

愛する関係のため神が自制

山ラ　相談者の方が「自作自演」と表現しておられるのも興味深いですね。このような表現自体が、歴史を神様が導く罪と贖いのドラマとして捉えていることを暗示しています。これが自作自演だというのは、このドラマで起こるすべてのことは神様があらかじめ計画し、その筋書き通りにすべてを動かして結末に至る、ということを意味しているように思います。

聖書のドラマに出演する役者は神様だけでなく、人間もいます。もし神様がすべてをあらかじめ決定しておられるとすると、人間が神様に対してどのように応答するのか、ということも、最初から決められていることになります。そしてそこには、神様に反逆して罪を犯すことも含まれているということになるのです。

そうなると、究極的には歴史のドラマの中で働いている唯一の意志は神様の意志であって、人間を含むその被造物は神様の意志を実現する小道具に過ぎない――救いのドラマが神様の「自作自演」に見えてしまうというのは、そういうふうに感じてしまうということかもしれません。

なぜこれが「滑稽」に思えてしまうのでしょうか？　冒頭で良い物語では問題が生じ、その問題が解決するという展開が重要だというお話をしましたが、このような「自作自演劇」では、本当の意味での問題というのは生じていないからではないかと思います。すべてが神様の計画通りに動いているというのなら、人間の罪も、そこからの救いも、それが一見どれほどドラマチックに描かれていたとしても、どこかテレビのヤラセのような「嘘《うそ》っぽさ」が残ります。

大頭　ヤラセ？

山ラ　もちろん私たち自身は自由に生きていると感じているのですが、自分が選んだ行動だと思っていても、じつは神様が決めたとおりに動いているだけだとしたら、本当に自分の人生を生きている気がしないですよね。特に、人生の中のいろいろな悲劇や失敗が永遠の昔から決まっていたとしたら、受け入れがたいと思う人は多いと思います。

大頭　なるほど。ぼくたちの痛みが、台本どおりのヤラセだったらいやだなー。

山ラ　それだけではなく、そのような世界を導かれる神様は一体どういう存在なのか、何のためにそのような「プロジェクト」をされるのか、といった疑問も浮かんできます。神様が自分は何でもできる偉大な神だということを示すために世界に悪を作り出したのだとしたら、なんだか割り切れない思いがしますね。そのような世界で神様が「解決」する問題は、本当の問題とは言えないと思います。

それでは、本当の問題が生じるというのはどういうことでしょうか？　それはその問題が、神様が計画したのでも意図したものでもないものであり、神様にも完全にコントロールできないものである、ということではないでしょうか。そして、神様がその問題解決のために全力で取り組まれた結果が、イエス・キリストを通した救いのみわざだった、ということです。

つまりこれは、先に挙げた三つの命題のうちの①（神は全能である）を見直してみよう、というアプローチです。神様が完全に善いお方であることは心から認めたい。一方で世界に悪があることも認めざるをえない。そうすると、神様は（少なくとも一般的に考えられているような意味では）全能ではない、ということになります。

大頭　ちょっと待ってください、神さまが全能ではないって……。

山ラ　それはつまり、神様は人間を自由意志をもつ存在として創造されたため、ご自分に反逆することを含め、人間がどのような行為を選択するかコントロールできない、ということです。

それは、神様が人間と愛の関係をもつためだったと思います。愛は強制されるものではありません。神様を愛することも愛さないこともできる自由がある中で、あえて愛することを選ぶからこそ、それは尊いのです。

もちろん、神様はすべての被造物が決して罪を犯さず、いつもご自身を礼拝するような世界を創造することもできたでしょう。けれどもそのようにして造られた人間はプログラム通りに動くロボットのような存在であり、そこに愛はないのです。

ですから、自由な被造物のいる世界を造るために、神様はご自分の全能性を敢えて自ら制限されました。それは、愛のある世界（もっと正確に言えば、愛の可能性がある世界）を造るために神様が取られたリスクなのです。

ある人々にとって、これはまったく受け入れがたい主張かもしれません。全能でない神なんて神と言えるのか、と。でも、私は個人的には、ご自分の全能性に固執することなく、私たちと本当の愛の関係をもつために、私たちに自由意志を与えてくださった神様は、真の意味で礼拝に値する、素晴らしい神様だと思うのです。

大頭　そうかー。愛はリスクを伴う。そのためには全能じゃないと言われてもかまわない、と神さまは決意されているのですね。ふと主イエスの十字架を思います。「神殿を壊して三日で建てる人よ、もしおまえが神の子なら自分を救ってみろ。そして十字架から降りて来い」(マタイ27・40)「他人は救ったが、自分は救えない。彼はイスラエルの王だ。今、十字架から降りてもらおう。そうすれば信じよう」(同42)とののしられても、十字架にとどまられた主イエス。ああ、胸が痛いです。全能であることよりも愛することを選んでくださったのですね。

山ラ　ここまでの内容を簡単におさらいしますと、このご質問は「悪の問題」あるいは「神義論」と呼ばれる神学的問題に関わるものです。善い神様がおられるなら、なぜこの世に悪があるのか、ということですね。

これに対して、神様は完全に善いお方だけれども、私たち被造物と愛の関係を築くために、あえてご自分の全能性を制限されてまで、私たちに自由意志を与えてくださったのではないか、という考え方を提案しました。愛は誰にも強制されず、自由に選び取ってこそ価値があるからです。私たちには神様を愛する自由もあれば愛さない自由もあり、また善を選ぶ自由もあれば悪を選ぶ自由もある。したがって、この世界には悪が生じる可能性がありますし、事実そうなっています。神様は私たちに自由意志を与えながら、同時に悪を選ばないように強制することはできません。この二つは矛盾することだからです。

大頭　うんうん。鍵は愛!

愛の関係に必要な自由意志

山ラ　それでもなお、割り切れない思いをする人がおられるかもしれません。聖書には、神様は偉大な王であり、権威をもって統べ治めるお方だと書いてあります（たとえば詩篇103・19など）。被造物が悪を選ぶことを止めることができない、そんな弱々しい神なんて、宇宙の王にふさわしくないのではないか、と。

大頭　たしかに、そこがひっかかりますねー。

山ラ　これはとても大切な問題なので、じっくり考えたいと思います。確かに旧新約聖書は一貫して神様が王である、と教えています。実際、イエス・キリストのメッセージの中心は「神の国」であったというのが、聖書学の定説になっています。「神の国」とは「神の王国」あるいは「神の王権」とも訳せる言葉で、要するに、神様が王として治める、そのご支配のことを指すのです。

ですから、主イエスが「神の国が近づいた」（マルコ1・15ほか）と告げ知らせたのは、「神様の王的支配がこの地上に及ぼうとしている」という意味だったのです。

大頭　神は王。そうなるとぼくたちからは遠い存在のように思えるな――。

山ラ　そうすると、やはり神様は王として支配されるのではないか、と思われるかもしれません。しかし、ここが決定的に重要なポイントなのですが、主イエスは「神は王である」と告げられただけでなく、「神が王であるとはどういうことか」を明らかにされたのです。

どういうことなのか、ご説明しましょう。ルカの福音書二二章に次のような箇所があ

ります。

「また、彼らの間で、自分たちのうちでだれが一番偉いのだろうか、という議論も起こった。すると、イエスは彼らに言われた。『異邦人の王たちは人々を支配し、また人々に対し権威を持つ者は守護者と呼ばれています。しかし、あなたがたは、そうであってはいけません。あなたがたの間で一番偉い人は、一番若い者のようになりなさい。上に立つ人は、給仕する者のようになりなさい。食卓に着く人と給仕する者と、どちらが偉いでしょうか。食卓に着く人ではありませんか。しかし、わたしはあなたがたの間で、給仕する者のようにしています』」(24―27節)

大頭　世の中の王のイメージとはかなり違いますよね。

山ラ　ここで主は、この世の権力者が支配するあり方と、神の国に属する弟子たちがどのように振る舞うべきかを対比しながら述べておられます。この世の王は人々を力で押さえつけ、コントロールする。けれども、弟子たちはそうではなく、偉い者ほどへりくだって仕える者でなければならないというのです。つまり、神の国における「支配」とは、自己犠牲的な愛をもって他者に仕えることなのです。言い換えれば、ここでイエスは「権威」や「支配」という概念をまったく新しく再定義しておられるのです。

自己犠牲の愛を示す神

大頭　なるほど、イエスはすべてを新しくされたのですね。

山ラ　そうです。そして、このような自己犠牲的な「王権」のあり方を、主イエスは身をもって示してくださいました。「ユダヤ人の王」（マタイ2・2）であるイエスはベツレヘムの貧しい環境に生まれ、軍馬ではなくロバに乗ってエルサレムに入場されました（マタイ21・1―9ほか）。そして最終的には、十字架でそのいのちを捨てられたのですが、その頭上には「ユダヤ人の王イエス」という罪状書きが掲げられていました（マタイ27・37ほか）。つまり、主イエスは十字架の死に至る全生涯を通して、「神が王であるとはどういうことなのか」ということを示してくださったのです。

そして父なる神様は、主イエスを三日後に死者の中からよみがえらせることによって、そのような自己犠牲的な愛の姿こそ、この宇宙を統べ治める真の王にふさわしいことを証《あか》ししてくださったのです。

　つまり、聖書が繰り返し教えている「神の王権」とは、神様がバビロンの王やローマ皇帝のようなこの世の支配者とはまったく異なる方法で支配されることを意味しているのです。この世の権力者は暴力や強制、死の恐怖や経済的誘惑によって他者を押さえつけ、自分の思いのままにコントロールしようとします。そこには自己の欲望や利益のために他者を利用しつくす姿があります。けれども、神様の「王権」や「支配」は、これとは正反対のものです。

　神様は、人々の意志に反してご自分の意志を押しつけることはありません。むしろ、徹底的に与え、愛し尽くすことによって、人々が心からこの王を愛し従うように導かれます。神様は愛によって支配する王なのです。

大頭　愛による支配！　やはり愛！

山ラ　そして主イエスはご自分に従う人々にも、例えば敵を愛する（マタイ5・44）という形で神の国を地上に表していくように命じられました。パウロも「善をもって悪に打ち勝ちなさい」と教えていますし（ローマ12・21）、黙示録でも、キリスト者たちがサタンに打ち勝つのは、キリストの血潮と、死に至るまで忠実な証しによると書かれています（12・11参照）。これこそ、聖書が教える「神の国」の意味にほかなりません。

　初代教会のクリスチャンたちは、イエス・キリストはローマ皇帝よりも偉大な王であると信じていました。にもかかわらず、彼らは同時代のユダヤ人の一部のようにローマへの暴力的な反乱を起こすことは決してありませんでした。このことは、主イエスが教えた「神の国」の正しい理解を彼らが受け継いでいたことを示しています。

大頭　でも教会は愛の支配を忘れてきたこともありましたね。十字軍とか。

山ラ　神様がどのような種類の王であり、どのように支配されるのか、という理解をはき違えたまま、「神の主権」とか「神は王である」といった概念を強調してしまうと、この世的な支配の理解で神様の支配を考えてしまうことになります。その結果教会は、ときに恐ろしい間違いを犯してしまうことになりかねませんし、残念なことに実際そのようなことは多々ありました。

ここで、最初のご質問に立ち戻ってみたいと思います。神様が愛のゆえに人間に自由意志を与え、ご自分の全能性を制限されたのは、神様が王であることと矛盾しません。なぜなら、神様の王権や支配は、力による強制やコントロールとは異なるレベルで働くものだからです。むしろ、そのように他者の自由を尊重しつつ愛をもって関わる姿を通して、神様はこの地上のどんな支配者よりも偉大な王であることを証ししておられるのです。

大頭　人間を愛において成長させつつ、この世界を愛に満ちたものに回復するために、ご自分の共働者として用いてくださる神さま！　なんという王でしょうか。

Q「身を守るために格闘するのは聖書では○？×？」

《テーマ　非暴力》

ゲスト回答者
石橋キリスト教会副牧師　南野浩則

《質問》「犯罪者を捕まえたり、襲ってくる強盗と戦うことは、聖書的には×ですか。やっぱり、抵抗せず非暴力が正解ですか？」

身を守るための格闘は？

大頭　この件は、平和を特に大切に考えている日本メノナイトブレザレン教団の南野さんに聞いてみます。実はこの間、詐欺犯人を捕まえようとして、格闘になって……。これっていけないことかなぁ。

南野　大頭さん、それは大変でしたね。ケガはなかったですか？　犯人は捕まえたでしょうか？

大頭　犯人は警察が捕まえ、ぼくにケガはありませんでした。

南野　ケガがなくて良かったですね。犯人にもケガはなかったようで、こちらも良かったです。どうして、格闘はいけないと思いましたか？

大頭　マタイの福音書五章に、誰かがあなた

南野浩則（みなみの ひろのり）

1963年、大阪生まれ。福音聖書神学校卒。米国メノナイトブレザレン聖書神学校卒（神学修士）、英国アバディーン大学院卒（哲学博士）。現在、大阪の石橋キリスト教会・副牧師。

の右の頰を打つなら、左の頰をも向けなさい、とありますよねー。でも、じゃあ殺されてもいいいか、というとそれは違うような気がするし……。

南野　ご指摘の聖書箇所はマタイ五章三八―四二節ですね。まずは、この聖書箇所を考えてみたいと思います。

ここでは、悪なる者に対して抵抗することを禁じたばかりか、その要求以上のことを行うようにイエスは命じています。これでは自分の命、肉体、精神、財産を守ることができないばかりか、悪を助長することにもなりかねません。

でも、イエスは苦労人ですから、そのようなことくらいわかっていたはずです。無抵抗を勧めるのは、何か別の意味があったと考えられます。

この聖書箇所では、頰を打たれること、下着を質として取られること、一ミリオンを強制的に歩かされることも、虐げられた結果です。背景には、ローマ社会やユダヤ社会の暴力があったと考えられます。

虐げられた人々には、そもそも暴力で抵抗する力などありません。このような人々が暴力による不正を訴える方法は、虐げる者の要求以上のことを行うことだけでした。それは無抵抗ではなく、虐げる悪なる者への抵抗です。イエスはそのような抵抗を念頭に置いていると思います。この聖書箇所は難しくて、いろいろな解釈ができます。以上のような解釈もその一つです。

大頭　非暴力による抵抗ですね。でも暴力で抵抗しないと自分や仲間の財産や身体に危険が及ぶ場合は?

南野　聖書は抵抗について直接的に間接的に、語っていると思います。神の救済が抵抗を通して実現しています。

モーセはエジプトの政治・経済権力に抵抗して、奴隷の解放を成功させました。

ナザレのイエスも当時のユダヤ権力やローマ体制に抵抗して、見捨てられた人々に神の祝福を宣言し、その業《わざ》を行いました。

もしイエスが何も抵抗せずに権力に取り込まれたなら、十字架の刑死に追いやられることはなかったはずです。しかし、イエスの抵抗は非暴力でした。この点は、私が属するメノナイト派が強調することです。

次に、大頭さんの格闘について、私なりに考えてみます。難しい課題ですが……。

まず、自分や家族の命、身体、財産は、どのような社会でも時代でも保護の対象になっています。大頭さんの格闘の経験は、日本では正当防衛として刑法第三十六条で認められています。

日本では、自力救済禁止の原則ということがあって、自己の権利を守るための行動は制限されていますが、正当防衛と緊急避難（刑法第三十七条）ではある程度の範囲で暴力も受け入れられています。

ただし、この身を守る行為も無制限ではありません。各々の社会で許容範囲が決まっています。キリスト者も現実の社会で生きていますから、その社会の考え方から自由ではありません。それは認めるべきだと思います。

しかし、キリスト教会には、暴力を伴う護身の考え方には意見の違いがあるようです。護身における暴力も一切認めない立場もあります。

決着の見えない課題ですが、神学の見方の変化、聖書解釈の進展とともに、健全な議論が進められることを楽観的に期待しています。少なくとも、イエスを通して啓示された神の価値観は平和です。ここを目指していくことは共有しておきたいと思います。

大頭　おおー。

和解に基づく平和をめざす

南野　平和はどのような人にとっても大切な価値観になっています。しかし、人によって平和に対する考え方が違ったり、その実現の筋道が違ったりします。キリスト者といえども同じです。

あるキリスト者たちは、神から認められた、より強い力を背景にその力を抑止力として考えます。

また、あるキリスト者たちは、悪なる者

を懲らしめる力（暴力）を容認して、その力による「正しい」戦いによって悪を排除することで平和をもたらそうとします。

　また、別のキリスト者は、一切の暴力の行使を認めないことで平和をもたらそうとします。

　いずれの立場を採用するにせよ、聖書の平和は神の意志や価値観と分けて議論はできないと私は考えています。

　神はこの世界をご自身の価値観に沿って変革（メタノイア）しようと試みています。そのためにイスラエルを選んだり、メシア※を自らの働きに召したり、教会をイエスの言葉と業のためにこの世界に派遣します。

　それは、この世界の人々（個人レベルでも、社会レベルでも）の尊厳を守るためであり、互いに尊敬し合って生きていくためであると考えます。そこには、恐怖につながる暴力によってこの世界を治める発想はないように思えるのです。神の支配（神の国）は、和解と安寧に基づく平和なしでは成立しないと考えます。

　暴力によってしか問題が解決しない場合でも、最終的には暴力を用いない解決の道を探ることはできるのではないか、と考えてしまいます。例えば、犯罪者が裁判にかけられて社会的な責任を負うのは当然ですが、加害者と被害者とが個人レベルで和解や赦《ゆる》しを経験できないのか、楽観的ですがそのように考えることがあります。

　少なくとも平和をもたらそうとする神を信頼する者は、そのような方向を模索する

※ 旧約のメシア観には人間のことも含まれています。

ことを願いたいと思います。以上の内容は、甘い考え方かもしれません。実際、現実に和解や赦しが簡単にできるとも思えません。でもイエスはあきらめなかったと思います。

大頭　その考え方は、修復的司法というものだと思いますが、もう少しお話しください。

南野　犯罪による損害を修復することで司法の役割を達成しようとする働きです。

基本的な考え方としてあるのは、犯罪を法への違反行為とみるだけでなく、被害者やその周辺の人々へ損害を与え、人々の関係性を侵害することとして理解していることです。

今日の修復的司法においては、加害者に犯罪を認めさせ、その損害・害悪の修復を要請します。また、加害者ならびに被害者が修復を希望したときには、犯罪経過の説明、損害の状況説明、それに対する感情の表明、謝罪の表明、和解へのプロセスが行われていきます。

日本の司法制度ではこのような手続きが論理的にも現実的にも採用されていません。民間の機関が修復的司法を導入しようとしても、日本の司法制度では、ほぼその可能性はありません。欧米では、一部このような制度が導入されてはいるようです。

大頭　そういえば、修復的司法の動画を見たことがあるなー。ひとりの青年がほかの青年を殺してしまう。最初、加害者はまったく自責の念がないんです。やがて被害者の母親と加害者が会う。そういうことを重ねていくうちに、加害者は自分が殺した相手が人間であることに気づき始めるんです。家族がいて、過去と将来をもっていた人間、つまり自分と同じ人間だと。その人間がいなくなってしまい、目の前にいるのは、その人間がいなくなったことで、打ちのめされている人間、被害者の母親なんだと。

　動画は、その後刑期を終えて出所した加害者の青年を映します。青年は被害者の母親を訪ねます。母親は青年を抱きしめて「マイ　サン（息子よ）……」と呼びます。青年はおずおずと「マム（お母さん）……」と。二人の悲しみは消えたのではありません。それはいつまでも残ります。忘れることなどできません。けれども、彼らは家族として生きていくことができます。憎しみに憎しみで対するのではなく、暴力に暴力で対するのではなく。こんな生き方は世界を少しずつ変えていくことでしょう。

南野　はい。神さまは悲しみの中から世界の回復をもたらすことがおできになりますね。

大頭　暴力についての解説を、ありがとうございました。何か律法主義的に「〇〇してはならない」ってよりも、この世界の回復のために悩むことが大切だとわかったー。

Q「黙示録って変な怪獣が出てきて意味がよくわからない……」

《テーマ　終末論》

ゲスト回答者　日本福音教会
一宮チャペル牧師　安黒　務

《質問》終末の世界を描いたと言われる黙示録っておどろおどろしい怪獣が出てきて、いまいちわからないのです。

終末期で最終的な創造の更新へ

大頭　黙示録の終末や、その先の世界がわからないという話は、確かによく聞きます。

安黒　聖書には「はじめに神が天と地を創造された」（創世1・1）と記され、終わりに「また私は、新しい天と新しい地を見た」（黙示録21・1）と記されています。全被造物は、神によって創造され、キリストによって贖《あがな》われ、聖霊によって完成されます。善《よ》き創造は、「創造の究極的完成の開始」です。終末は、「決定的で最終的な局面における創造（の更新）」です。その新しい創造への移行は創造の消滅ではなく、創造の貫徹です。終末は、「救済され、栄化された創造の全実在」なのです。

大頭　聖書の示す「終末」って、どんな状態なんですか。おどろおどろしい怪獣が暴れるような描写が黙示録にありますが……。

安黒　聖書は、歴史書、文学書、預言書、書簡等さまざまな記述形式で記された「神の言葉」です。聖書各書から、「真の著者」である神の意図されたメッセージを汲み取るためには、どのような記述形式で記されているのかを理解しなければなりません。

マクロな視点で読む解釈者（リチャード・ボウカム著『ヨハネの黙示録の神学』参照）は「ヨハネの黙示録のイメージ表現の持つ神学的意味」を読み取ろうとします。ミクロな視点での解釈との違いは「イメージ表現の性質とその意味の伝達手法」の誤解に原因があります。ヨハネは、イメージ表現の文学的な用法を神学的な思想と伝達のための手法へと発展させています。ヨハネの預言は、一世紀のローマ帝国に告げる「神の審判が持っている旧約的意味と神学的意味」とを驚くほど多様に、しかし同時に一貫して未来の「終末論的な審判と救済」のあふれる希望を喚起させている文書なのです。ミクロな部分の解釈から入ると「多様な解釈という迷宮」でさまようことにもなります。まず、健全なマクロな視点を確立してから黙示録を研究することが大切です。

大頭　現代社会に終末が訪れたことを仮想した小説『レフト・ビハインド』[※1]は、聖書のメッセージと合っているのでしょうか。

安黒　「レフト・ビハインド」とは、「後に残される」という意味です。これは、古典的および改訂のディスペンセーション主義終

※1　いのちのことば社刊

末論に特徴的な教えのひとつです。ディスペンセーション主義の終末論は、要約すると次のようになります。

キリストは、神の定められた時に空中に再臨されて、イエスを救い主と信じているクリスチャンをみもとに引き上げられます。これを携挙と言います。その後地上は、歴史上なかったほどの患難が「後に残された」者たちを襲います。このとき神が選ばれたイスラエルの民が信仰に目覚めると教えます。この患難は、預言によると七年間続き、後半の三年半は特に厳しい患難の時となり、その後キリストは地上に再臨され、千年王国が始まります。この千年王国はイスラエルの民にとって、特別な祝福の時となります（仲井隆典著『ディスペンセーション主義終末論の克服』参照）。しかし、「空中再臨→患難期→地上再臨→イスラエル民族を中心とする千年王国」というこの教えは、聖書の教えではないと私は考えます。

聖書が教えているのは、「患難期→空中・地上一体のキリストの再臨→普遍的な神の国（千年王国・新天新地）」です。ディスペンセーション主義終末論とは異なるかたちで

安黒務（あぐろ・つとむ）
1954年、兵庫県生まれ。関西学院大学、関西聖書学院、東京基督教大学・共立基督教研究所卒業。日本福音教会（JEC）・一宮チャペル牧師。「一宮基督教研究所」を主宰。訳書に『キリスト教教理入門』（いのちのことば社）などがある。

「空中で主と会う」（Ⅰテサロニケ4・17）を理解します。聖書でこの「会う」という単語が出てくるもうひとつの箇所は、賢い娘と愚かな娘のたとえ話の中にあり、それらは明らかに終末論的なたとえ話です。花婿が来ると「さあ、花婿だ。迎えに出なさい」（マタイ25・6）と知らされます。この「迎えに出」が先ほどの「会う」と同じ単語です。これは何を意味するでしょうか。娘たちは花婿に会いに出て行って、花婿と一緒に婚宴に戻ってくるのです。したがって私たちが主と会うのは、地上からさらって行かれるためではなく、主と会ったら直ちに、意気揚々とした側近のひとりとして主と共に地上に降りてくることなのです。※2

「患難期と千年王国」に多様性

大頭　黙示録の記述は目まぐるしくて、混乱しがちですね。

安黒　黙示録は、キリストの再臨の前と後の対比から構成されています。三年半の苦難（11―13章）、キリストの再臨（19章）、「千年」の王国（20章）、新天新地（21章）です。全歴史の究極は新天新地です。キリストの初臨が旧約と新約との二つの時代に分けたように、キリストの再臨によって、歴史は決定的に変化させられます。黙示録ではキリストの再臨は一九章に記されており、そのクライマックスに向かって四―一八章の幻は進展しています。しかしキリストの再臨は一九章だけでなく、最終的な審判の日が先

※2 ミラード・エリクソン著『キリスト教教理入門』（いのちのことば社）参照。

取りとして、六章の第六の封印、一一章の第七のラッパ、一四章の刈り取り、一六章の第七の鉢などでも言及されています。それゆえキリストの再臨までの期間「三年半」はさまざまな幻で重層的に描かれています。黙示録では七つの封印（6章）、七つのラッパ（8—9章）、七つの鉢（16章）の三つのシリーズの災いが警告的審判として起こりますが、第六の封印、第七のラッパ、第七の鉢は最終的審判です。すなわちそれぞれのシリーズの最後でキリストが再臨し、最終的な審判がなされるのです。

第六の開封によって「御怒《みいか》りの、大いなる日」が来（6・17）、第七のラッパによって「御怒り」が来ます（11・18）、第七の鉢によって「事は成就」します（16・17）。すなわち三つのシリーズの災いは時系列に従って起こるのではありません。この三つの災いは、並列的、重層的に起こるのです。しかも単純な反復や並列ではなく、封印↓ラッパ↓鉢と災いの規模は拡大され、その厳しさも増していきます。そのような意味で「三年半」に関わる幻、すなわちイエスが福音書で語られた「時のしるし」「終末の前兆」は、黙示録全体に及んでいるといえます（岡山英雄著『ヨハネの黙示録注解』参照）。

大頭　聖書が示す終末期についてはさまざまな見解があり、多くの議論もありますが、心の中にどう位置付けたらいいですか。

安黒　聖書の啓示に基づくわけですから、共通項と多様な解釈の部分があります。①広くある共通項を確認し、②主にある兄姉であることを認め合い、③多様な解釈の中で健全なものと誤ったものを識別・精査・克服の取り組みをしていくことです。

伝統的には、個人終末論と世界終末論に分けられます。前者は、個人の「時間的死、霊魂の不死、死から復活までの中間状態」を扱い、後者は、「世の終わりのしるし、キリストの再臨、死者の復活、最後の審判、新天新地（世界の完成）」を扱います。これらは共通項であり、多様性が生まれるのは「患難期と千年王国」の問題においてです（宇田進「終末論」《『新聖書辞典』》）。

そこには、ディスペンセーション主義患難期前・千年王国前再臨説、歴史的患難期後・千年王国前再臨説、千年王国後再臨説、無千年王国説があります。この多様性は、「神の国」の捉え方から生まれます。「イスラエルの民族的神の国完成の未来」を軸として理解するのがディスペンセーション主義の立場で、「普遍的神の国完成の未来」を軸として理解するのがそれ以外の立場です。後千年王国説と無千年王国説は表裏一体の関係にあり、「神の国の現在性」の側面を強調し、歴史的千年王国説は「神の国

の未来性」の側面を強調します。この違いは、強調点の相違として受け止められます。

ディスペンセーション主義の場合は、「神の国の概念」に問題があり、「神の二つの民、神の二つの計画」という前提をもって、旧約と新約をある意味「二元的」に、民族としてのイスラエルとキリスト教会を分離して解釈します。「イスラエル民族の栄光の回復」を軸として解釈するので、「イスラエル民族を軸とする千年王国」の入り口としての患難期からイスラエル民族は主役として登場し、露払いとしての教会は役割を終え、舞台から去り、「民族としてのイスラエルは栄光を回復する」とします。

他の立場は、「神のひとつの民、神のひとつの計画」という前提で新旧約聖書を有機的一体性をもって、「一元的」に解釈します。千年王国に関する強調点は異なりますが、教会は患難期を通った後に再臨が訪れると理解します。再臨の後は、ともに普遍的な神の国の支配（千年王国もしくは、新天新地）が到来すると理解します（ジョージ・ラッド著『終末論』参照）。

終末論だけの分野で言えば、相違点は小さく、共通点の方が多いです。しかし、聖書観と聖書解釈法という「福音理解」の土台の部分に目を転ずると、この相違はきわめて深刻な問題なのです。「神論から終末論」に至る上部構造の建物全体に大きな影響をもたらすからです。

大頭　創造から天地の回復までを貫く、神さまの愛から目を離さないことが大切ですね。

Q「聖書の中で、敵を滅ぼす〝聖絶〟を神が命じているけど、ひどくない？」

《テーマ　神のきよさ》

ゲスト回答者　関西聖書神学校　校長　鎌野　直人

《質問》「人から、神さまはひどい。聖絶を命令するのだから、と言われたんです」

神に属するものを神へ

大頭　今回は、私が所属する教会のご近所さんに質問されたテーマです。これは以前にも登場した関西聖書神学校の鎌野直人校長に聞いてみましょう。

鎌野　どうしました？

大頭　ご近所の人から、旧約聖書に出てくる「聖絶」（敵を滅ぼし尽くす）を命令する神さまはひどい、と言われたんです。

鎌野　現代人にとって聖絶という言葉が登場する箇所はびっくりします。たとえば申命記（20・16―18）を見ると、イスラエルが相続地であるカナンの地に入った時、そこに住む人々を一人も生かしておいてはならない、彼らは「主が命じられたとおり必ず聖絶しなければならない」（同20・17）とあります。それは、カナンの人々が彼らの神々に行っていたことをイスラエルの民に教えることがないようにするためです。

この箇所であったり、ヨシュア記六章、十章から十一章、サムエル記第一の十五章を読むと、聖絶することが滅ぼし尽くすことであると理解できますよね。そして、『聖書新改訳２０１７』で「聖絶する」と訳しているところを聖書協会共同訳などは「滅ぼし尽くす」と訳していますから、そう思うのは当然でしょう。

大頭　そうなんです。困った、困った。

鎌野　旧約聖書で描かれている神は暴力的ではあります。男も女も子どもも家畜もイスラエルの民に聖絶させているからです（ヨシュア６・21など）。ただ、このような姿を野蛮だと批判するのは簡単ですが、もう少し注意深く理解する必要はあります。

レビ記二十七章には主へのささげものについて記されています。その際に「聖別する」ものについて書かれているなかに「聖絶する」ものも登場します（同21、28、29節）。そして、聖絶されたものは、最も聖なるものであって、主に属するものだとつづられています（同27・21、28）。つまり、聖絶というのは、あるものが主に属するものであって、他の何者にも属さないということを示す行為なのです。

戦いにおける聖絶も、同様の理解があり

鎌野直人（かまの なおと）

関西聖書神学校校長、日本イエス・キリスト教団神戸中央教会副牧師、AGST/J Th.D.課程主任。「伝道者の書」の研究で哲学博士号を受ける。近著に『聖書六十六巻を貫く一つの物語』（いのちのことば社刊）がある。

ます。イスラエルが諸国民と戦った場合、人でも家畜でも金銀でも、その戦利品は聖絶するように命じられています（たとえばＩサムエル記15・3）。確かに実際に戦うのはイスラエルの民ですが、彼らはその神である主の戦いを戦っているにすぎないのです（たとえば民数21・1―3）。ですから、戦いにおける勝者はイスラエルではなく、主です。そして、戦利品を受け取るべきなのは、本当の勝者である主であって、イスラエルではありません。つまり、戦利品は主に属するのです。そして、主に属するものを主に渡す行為を「聖絶」と呼ぶのです。なお、戦いにおいて、聖絶する方法にはいくつかあります。そのいのちを取ること（ヨシュア6・18）、祭司や聖所のものにすること（6・19）、主の許可のもとに民の戦利品とすること（同8・2、27）です。

大頭　つまり、皆殺しが目的ではない？

鎌野　そうですね。主が自分の戦利品をどのようにするかを決められるので、時と場所と場合によって対応が変わるのです。

大頭　なるほど。

鎌野　ですから、戦いにおいて暴力と破壊が最優先ではありません。いい例が、申命記二十章十―十八節です。町を攻略する時、まず降伏を勧め、降伏したならば、その民は殺さずに、奴隷として働かせるとあります。

しかし、降伏しない場合には、その町が遠いところにあるならば、男は皆打ちます が、それ以外の女、子ども、家畜などは民の戦利品となります。ただし、カナンの地の住民だけは、すべてを聖絶するように命じられています。イスラエルへの影響、特に主以外の神を礼拝するように誘う危険性の程度が、この取り扱いの違いにも表れているのです（同20・18）。

偶像礼拝を絶つための方法

大頭　神さまは殺さないで済むときには殺させない？

鎌野　そうです。でも、滅ぼし尽くす必要があるときには、滅ぼし尽くすのです。特に偶像崇拝をもたらす対象に対しては厳しかったようですね。ですから、イスラエル自身も、偶像崇拝に陥ったとき、聖絶に近い状況に陥るのです。

大頭　それならわかる。

鎌野　聖絶で手に入れたものを主にささげない、という行為が、まさに偶像崇拝に当たります。典型例がヨシュア記七章に登場するアカンです。彼は聖絶の物の一部を神の許可なしに自分のものとしたために、彼自身が聖絶のものとなり、その影響がイスラエル全体に及びました。そして、この問題を解決するために、聖絶のものとなったアカンとその家族が滅ぼし尽くされなければならないのです（同7・11―15）。神に属するものとして滅ぼし尽くすべきものを勝手に自分のものとしたとき、その人自身も神に属するものとなり、滅ぼし尽くされなければならなくなるのです。イスラエルにもたらされた、列強による捕囚に伴う王国と都と神殿の破壊という出来事も、偶像崇拝のゆえの彼らに下ったものです。

　このように見ていくと、旧約聖書に登場する聖絶は、確かに暴力的であり、残酷なことですが、その背景には、地上での戦いは実際には神の戦いであるという思想、神のものは神のものとする思想、そして偶像崇拝への誘いの現実的な危険性があることがわかります。旧約聖書の世界という、現代とは異なって、殺戮《さつりく》と争いが普通であった時代では、ある意味で現実的であった神の対応法が聖絶であったことがわかります。

大頭　世界を回復するという神さまの大計画を実現するために、どうしても必要だったのが、聖絶？

鎌野　「どうしても必要だった」かはわかりません。しかし、人間の現実に対して、当時の文化と社会を考慮しつつ、神が取られた手段であるとは言えます。ただ、どの時代のどの文化でもそうであるとは言えません。

大頭　ご近所の人が言うんですが、あの十字軍なんか聖絶の影響じゃないかって。

鎌野　十字軍については、私は詳しくないので、大頭先生にお聞きしたほうがいいかもしれません。ただ、イスラームの人たちを異教徒と考え、キリスト者たちが「カナンの地」の彼らを滅ぼし尽くす、という発想はどことなく、聖書の聖絶の思想と似てはいます。影響が皆無だとは言えません。

しかし、十字軍の理解には問題が多くあります。まず、エルサレムはキリスト者にとって「聖地」なのでしょうか。使徒の働きを見ると、むしろ聖地は地の果てに至るまでの全世界であると考えられます（使徒1・8）。エルサレムに限定する考え方は問題があります。

次に、仮にエルサレムが「聖地」であったとしても、十字軍の働きは「神のわざ」であったのでしょうか。神のものを神に返す、神の戦いであったのか、それとも経済的、政治的なものだったのでしょうか。彼らの行動そのものが、信仰から生み出されたものではあったとしても、偶像崇拝によって曇らされていたのは事実です。

三つめに、仮に神の戦いであったとしても、十字軍の働きは「聖絶」と言えるほど徹底していたのでしょうか。神に返すのではなく、自分たちのものとしたのではないでしょうか。

最後に、キリスト者ならば、あらゆることを神が自らの御子《みこ》を十字架で滅ぼし尽くしたことから見直す必要があります。偶像崇拝に象徴される人の罪のもたらす破壊を、人にではなく神自らが負われたのです。十字架が決定的であるならば、これ以上の破壊が必要ないのは明らかでしょう。

大頭　うーむ。聖絶は「罪の聖絶」っていうメッセージ聞いたことあるけど。

鎌野　聖絶の思想に対して、問題を感じる人はどの時代にもおられたようです。ヨシュア記自体、聖絶の思想はあくまでも「主を愛し、主の律法に従う」（1・7、8、24・15）という枠組みの中で考えられています。クリスチャンも聖絶を「罪の聖絶」のように理解して、「罪を滅ぼし尽くす」ことと考えることもあるようです。ただ、聖絶の思想から考えると、「罪の聖絶」はちょっと不適切のように思えます。人がどうしたではなく、神がキリストの十字架において罪の問題を解決された事実に基づいて、クリスチャンは自分の罪の問題を考える必要があります。

大頭　じゃあ、神さまは現代のぼくたちに聖絶を通して、何を語っているの？

鎌野　旧約聖書において聖絶が求めていることの本質、すなわち私たちの働きは実は神のわざであって、そこでの成功を自分たちのものにしてはならないことや、神のものはいつも神のものとして神に返すことを重んじる必要があると思います。本書の別の項でお話ししていますが（86頁）、最大の問題は神以外の何かを神とする偶像崇拝なのです。

大頭　なるほど。納得したー。

第二章　クリスチャンという生き方

Q「安全を祈って出かけた旅先で事故に遭って入院……。祈りは無意味？」

《テーマ　祈りの答え》　ゲスト回答者　単立ニューライフキリスト教会牧師　豊田信行

《質問》「オートバイで旅に出たら、事故って入院……。出かける前の祈りは、どうなったんだろう」

聖書は因果応報を退ける

大頭　実はこの相談、ぼくのことなんです。昨年オートバイを買って初ツーリングで事故を起こし、肩と膝を骨折して、治るまでにだいぶかかりました。祈って始めたことなのに、どうしてだろう。豊田信行牧師、どうしてですか。

豊田　難しい質問ですね。神学的な模範回答はあるかもしれません。でも、きっと納得してもらえないでしょう。

先日、お亡くなりになった、日本における死生学の第一人者、デーケン先生[※1]は「人生の苦難は神の神秘に属している」と言われました。もちろん、人生の苦難のすべてが神の神秘に属しているわけではありません。ただ、説明のつかない苦難は神の神秘

※1　アルフォンス・デーケン。イエズス会神父、哲学者。上智大学名誉教授を務め、専門は死生学（死生観を哲学、医学、心理学、宗教などで学際的に研究する学問分野）。

に属していると思います。「なぜ事故に遭ったのか？」という問いに対して、信仰的な回答の前に考えないといけないことがあります。私たちが陥ってはいけない誘惑は、人生で起こるすべてを霊的に解釈しようとすることです。

大頭　悪いことが起こると、何か神に背くことをしたのではないか、という思いが起こりがちですね。

豊田　聖書は因果応報的な思想をきっぱりと退けますが、「種まきの法則」は重んじている。「思い違いをしてはいけません。神は侮られるような方ではありません。人は種を蒔《ま》けば、刈り取りもすることになります」（ガラテヤ6・7）。だけど、自分の蒔いたものを熟考するとき、それを必ずしもすべて刈り取っているわけではありません。私にとっての驚きは、「なぜ、事故に遭ったのか」ではなく、「なぜ、事故に遭わなかったのか」なのです。

今まで、車の運転中に数えきれないぐらい、「ヒヤッ」とする経験をしたことがあります。ずいぶん前、夜遅くに高速道路を走行中、すごく疲れていて強い睡魔に襲わ

豊田信行（とよだ のぶゆき）

1964年、大阪生まれ。テキスタイル・デザイナーを経て、献身。Portland Bible College卒業。1997年、単立ニューライフキリスト教会の牧師に就任。著書に『父となる旅路』、『夫婦となる旅路』（いのちのことば社）。

れました。次のパーキングで休憩しようと、睡魔と必死に戦いながら車を走らせました。ところが、トンネルに入った時、ほんの一瞬ですが眠ってしまった。目を覚ました瞬間、血の気が引くのを感じ、人間のいのちのはかなさを思い知らされました。もし、数秒でも眠っていたら、車はトンネルの壁に衝突していたことでしょう。生と死の間は一秒もない。その時以来、事故に遭わないことが当たり前ではなくなりました。神様は祈ってもいないのに守ってくださるお方なのです。

「まあ、いいか」という心境

大頭　それでは、なぜ、ぼくは祈ったのに事故に遭ったんでしょう。

豊田　九歳の時、私の父は高尾山（大阪）で徹夜祈祷中に三十三歳の若さで、五人の息子を残して召されました。長男だった私は、「神様。なぜ、お父さんを守ってくれなかったの」と涙ながらに何度も訴えたけれど、神様は一言も答えてくださらなかった。父の死から四十七年の歳月がたち、牧師になった今、神学の研鑽《けんさん》もそれなりに積んできましたが、今も、なぜ父が祈りながらいのちを落としたのか、全くわかりません。

ただ、四十七年間、神様に訴え続け、自問し続け、ようやくたどり着いたのが、「まあ、いいか」という心境です。父の存在がどうでもよくなったとか、悲しみが無くなったというわけではありません。今も、父が生きていてくれたらと思うし、話したいことが山のようにあります。父が亡くなった時、クリスチャンの方々が悲しみに暮れる私たち家族を慰めようと、「父の死」に何か特別な意味、神のご計画があると言ってくださった。しかし、九歳の少年の心は慰められることはありませんでした。

大頭　身近な人に思いがけない死が訪れたときに、そう言って慰めることがありますね。

豊田　父の死に特別な意味など無くていい、ただ父には生きていてほしかった。少年は青年となり、もはや、神様に父の死について問うことはしなくなりました。神様は都合が悪いことには何も答えてくださらないと諦めていました。そんな私にとって、「まあ、いいか」との心境は神様に見切りをつけたのではなく、神様の摂理（神秘）に立ち入ることを断念した先に出合ったものでした。理解できない神の神秘を知ろうとすることを止めたことによって訪れた安堵感《あんど》のようなものなのです。

父の死の意味を問うことをやめた瞬間、魂が苦悩から解放されたようでした。ひとつはっきりとわかったことは、神様は決して苦しみの意味を教えてくださらないということ。これからもないでしょう。今は、それでよかったと心底から思います。なぜなら、もし、神様が父の死の意味を教えてくださったとしたら、今も、私の魂は苦悩から抜け出せなかったでしょう。

大頭　なぜ、そうした心境に至ったのですか。

豊田　『夜と霧』[※2]の著者V・E・フランクルは、その本の中で、アウシュビッツ強制収容所

※2　みすず書房

での過酷な生活を生き抜いた人たちの共通点が「生きることの意味を問うことをやめたこと」だと述べています。

「生きる意味についての問いを百八十度方向転換することだ。わたしたちが生きることからなにを期待するかではなく、むしろひたすら、生きることがわたしたちからなにを期待しているかが問題なのだ、ということを学び、絶望している人間に伝えねばならない」

神様が、「なぜ？」という問いに答えてくださらないのは、その答えの中に苦難の人生を生きる力が無いからでしょう。収容所の中で苦しみの意味を問い続けた人たちは、やがて、その意味を見いだせずに絶望し、食事を口に運ばなくなりました。

「まあ、いいか」、それは、父の死の意味を問うことをやめ、生かされている自分に何が求められているのかを問うための「転換」となりました。その結果、父のいない寂しさ、悲しみ、悔しさ、その一つひとつが今の自分を形づくっていきました。

青年の頃、日本で最初のハンセン病患者の方々が収容された国立療養所、長島愛生園（岡山県）を何度も訪問する機会に恵まれました。そこにある長島曙教会のみなさんとの交わりはいつも神の深いご臨在が満ちあふれ、励まされてばかりでした。

少女の時に発病し、家族から強制的に引き離され、深い悲しみの中を生きてこられたS姉妹に牧師になることを告げた時、「頑張りなさい」と声をかけてくださった。「なぜ、自分がこの病に冒されたのか、自分がどんなことをしたからだと言うのか」と、どれだけ自問されたことでしょう。何千、何万、数えきれないほど問い続けても、納得のいく答えなど無い。長島愛生園の患者の方々の心のケアに従事された神谷美恵子さんの著書『生きがいについて』※3の中に、キリスト者となられた患者の方の証《あか》しが載っています。

「自殺を真剣に考えている中に、回心を経験し、自分の生が神に向けられた生となるところに真の価値があることを知って入信した。（中略）病気にならず信仰を得なかった生と現在の生とどちらを選ぶかと問われれば、現在の生をと答え得よう。今がみじめだと思っていない。むしろより人生を肯定しうるし、いろいろなことに意欲を持って来たと思っている」

大頭　祈りの答えは、必ずしも人間が願ったものではないということですね。

豊田　そう、祈りが聞かれるとは、突き詰めれば「自分の生が神に向けられた生」、神のために生きる者とされることなのです。事故に遭った大頭室長の祈りが聞かれたかどうかはわからない。ただ、その事故の後、さらに神に心を向け、神のために生きる者とされたなら、祈りは聞かれたと言えるのではないでしょうか。

※3 みすず書房

大頭　確かに、この事故をきっかけにいろいろ新しいことが起こりました。振り返れば牧会にも伝道にもプラスになりました。

豊田　ユダヤ教のラビ[※4]で十四歳の息子さんを難病で亡くされたH・S・クシュナーの著書、『なぜ私だけが苦しむのか　現代のヨブ記』[※5]から引用します。

「なぜ正しい人に不幸がおとずれるのか、という問いに、答えはあるのでしょうか？　それは、『答え』ということばのもつ意味にかかっています。（中略）『答え』ということばには、『説明』ということと同時に、『応答』という意味もあります。その意味でならば、人生の悲劇に対して、たぶん満足のいく答えが見つかることでしょう。それは、（中略）完全でない世界を赦《ゆる》し、そんな世界を創った神を赦し、人びとに手を差しのべ、そしてなにがどうあろうと生き続けていくことなのです」

大頭　「神を赦す」っていうところがちょっとひっかかります……。

豊田　確かに神には赦されるべき落ち度も過ちもありません。しかし、苦難の中で倒れた人が神様に向くために、神を赦さなければならないのです。そして、答えを問うことをやめ、応答することを選びとるなら、その後の人生そのものが神の祈りの答えになっていくのでしょう。私たちがどう生きていくのかが、神の答えとなるのです。

神はそのような旅路に同伴してくださり、惜しみなく恵みを注いでくださる。みなさんの心が神様に向けられますように。

※4 ユダヤ教における宗教指導者、学者。　※5 岩波現代文庫

Q「クリスチャンだけど色々不安です。これって神さまを信頼してない？」

《テーマ　共に歩む神》　ゲスト回答者　日本キリスト教団 石巻栄光教会主任担任教師　**川上直哉**

《質問》「コロナ禍が不安でした。でも、クリスチャンが不安になるって、神さまに信頼していないようで、いけないことですか？」

神さまにとっての過去と未来

大頭　昨年から、ずいぶん世界が不安定ですね。全て神さまの御手《みて》の中にあると信じているつもりですが、それにしても、不安がいっぱいです。

川上　そうですね。不安になると、「自分は不信仰なのではないか」と、また不安が一つ加わる。それは、悪循環ですよね。

大頭　「愛には恐れがありません。全《まった》き愛は恐れを締め出します。恐れには罰が伴い、恐れる者は、愛において全きものとなっていないのです」（Ⅰヨハネ4・18）というみことばを思い出します。少し大胆に、神さまのことを考えてみてくださいますか。

川上　はい。では、大胆に言ってみます。神さまにとって、未来は、どんなものなのか。私は、神さまにとっても未来は「不安」なものだと思っています。だから、私たちが不安であるとき、それは決して「不信仰ではない」と思うのです。

大頭　そういえば、イエス様も十字架で処刑される前のゲッセマネの祈りで、不安を口にしましたね。

川上　今日は、そんなお話を、してみたいと思います。では、まず「時間」について考えてみましょう。時間には、「過去」と「現在」と「未来」がありますね。昔々、アウグスティヌス※1という大神学者がいました。この人は、「過去とは記憶だ」と言い、「未来とは期待・希望だ」と言って、「本当に存在するのは現在だ」と言っていました。

大頭　ルターも、カルヴァンも、みんな尊敬していたアウグスティヌスですね。

川上　はい。私も、まずはアウグスティヌスの考えを基本にして、「時間」について、そして「未来」について、聖書をもう一度読み直してみたいと思います。

大頭　そうすると、どうなりますか？

川上　まず「過去」です。これは、もうみなさんよくご存じの通り、聖書の中で、神さまがはっきり、過去を「後悔」する場面も多くみられます。そしてやり直そうとされる。ノアの箱舟の物語は、その典型です。

大頭　そうですね。それからたとえば、サウルを王にした時とか。

川上　はい。そして、神さまは、再チャレンジなさる。諦めない。

※1　4～5世紀に、ローマ帝国で活躍した神学者で、哲学者、説教者でもある。正統的な信仰を確立することに貢献。著書に『告白』『神の国』などがある。

大頭　そうです。それが、神さまの愛の姿ですね。

川上　では、「未来」はどうでしょうか。

大頭　アウグスティヌスに倣って言うなら、「未来」は「期待・希望」ですね。

川上　はい。そうすると、たとえばローマ人への手紙八章一九節が思い出されます。

大頭　「被造物は切実な思いで、神の子どもたちが現れるのを待ち望んでいます」というみことばですね。

川上　はい。そしてもう一つ。ピリピ人への手紙二章七、八節です。

大頭　なるほど。「（キリストは）人間と同じようになられました。（中略）自らを低くして、死にまで、それも十字架の死にまで従われました」と。

川上　長く、キリスト教で「受肉」とか「托身《たくしん》」と呼ばれてきた教理ですね。神さまは、私たちと同じ姿で現れてくださった。私たちはこのことを、もっと大胆に信ずるべきだと思うのです。つまり、神さまも私たちと一緒に、うめいてくださる。私たちが不安なとき、神さまも一緒に、そのつらさを、本当に、共感してくださる。

川上直哉（かわかみ なおや）

1973年、北海道生まれ。日本基督教団石巻栄光教会主任担任教師、「東北ヘルプ」事務局長、仙台白百合女子大学 カトリック研究所客員所員、宮城刑務所 教誨《きょうかい》師。専門はP.T.フォーサイスと「現場の神学」。

大頭　つまり、神さまも不安を耐えてくださるということですか。

川上　はい。そうなると、ずいぶん、未来を不安に思う気持ちに、変化が生まれるのではないでしょうか。

神さまにとっての「現在」

大頭　なるほど。これは大胆な考え方ですね。でも、聖書から出てきた考え方ではある。

川上　はい。これが絶対正しい、ということではないのです。でも、現場でそう考える余地があるということは、とても大切だと思うのです。

大頭　現場、ですね。

川上　はい。神学校の教室や、静かな書斎、あるいはとても順調に進んでいる教会生活の中では、こんなことを考える必要はないかもしれません。でも、不安な中にいる自分を見つけたとき、私たちは、大胆に神さまに迫るべきだと思うのです。

大頭　なるほど。詩篇やヨブ記は、そうした葛藤と苦闘の記録でもありましたね。

川上　はい。そして何より、イエス様の十字架は、その極点にあるものだと思います。

大頭　十字架も、そうして見てみると、また違って見えてきますね。

川上　はい。私はフォーサイスという人に、ずっと学んでいます。フォーサイスは十九世紀から二十世紀に切り替わる中をイギリスで生きた牧師で、神学者です。貧しいスコットランド人の息子で、奨学金によって階級社会の壁を飛び越えて神学博士となり、晩年には世界大戦の悲しみを見ながら神学をし続けた人です。そして、植村正久や小崎弘道など、日本の最初のプロテスタント教会の指導者にも大きな影響を与えました。このフォーサイスは、まさに、不安の中を進まれる神さまの姿として、十字架を見ていました。

大頭　全てを知って余裕しゃくしゃく、という神さまではないのですね。

川上　はい。主イエス・キリストは、本当に、不安の中へと進み行かれた。父なる神は、完全に御子《みこ》の視界から消えた。完全な闇が十字架を包んだ。そのことを、手加減なく、徹底的に黙想するようにと、フォーサイスは勧めます。そして、その「十字架ヲ通ッテ光ヲ」見る。

大頭　あれ、急にカタカナでお話しになりましたね。

川上　はい。神学の世界ではよく、古いラテン語のことわざをカタカナで引用します。

かっこいい決め台詞、という感じですね。「Per Crucem Ad Lucem＝十字架ヲ通ッテ光へ」これは、フォーサイスの墓碑銘です。

大頭　信仰が揺らぐとき、その信仰の揺らぎの中にこそ、さらに完全な信仰への入り口がある、ということですね。

川上　そうだと思います。神さまは、今、ここで、あなたに、働いている。一緒に不安になって、一緒に迷いながら、そして、そうしたあなたに寄り添って、そんなあなたに忍耐して一緒に人生を進まれる。そう、不安の中にある人に、お伝えしたいと思うのです。

大頭　つまり、神さまの前にも未来は開かれている、ということなのですね。だから、私たちの前にも、未来は開かれている。

開かれた信仰を

川上　ただ、もちろん、教会が過去に積み重ねてきた議論を無視してはいけないと思います。使徒信条は大事です。「我は天地の創り主　全能の父なる神を信ず」という告白は偉大です。でも、その偉大な告白は、たぶん、未来への不安の中で、信仰の格闘を通して獲得されたものであったはず。私たちも、その偉大さを自分のものとするためには、信仰の先輩たちと一緒に、不安な未来に自分を開き、今ここに活《い》きて働く神さまと語り合いながら新しい道を拓《ひら》いていく必要があると思うのです。

大頭　神さまが、その不安に伴われるのです

※2　ポイント・ローマ・ナザレン神学校（米サン・ディエゴ）の組織神学、世界宗教学教授。著書に『神の物語』（ヨベル）ほか多数。

からね。

川上　はい。そして、正解のない現実に向き合い、御心《みこころ》が成ることを求めて祈り続ける努力は、この日本でも、ずっと続けられていると思うのです。たとえばマイケル・ロダール[※2]の『神の物語』を大頭先生が翻訳されたのは、その具体的な成果ですね。

大頭　ありがとうございます。そうした努力は、フォーサイスをはじめ、ほかにもたくさんあるのですね。

川上　そう思います。たとえば青野太潮《たしお》[※3]さんは「十字架にかけられたままのキリスト」ということを、ずっと、じっと、見つめて聖書を読み続けておられます。今、まさに目の前で、キリストが十字架にかけられている。その「現場」から復活を見つめ、神さまが何をされようとしているかを見続ける。そういう努力です。

大頭　なるほど。そうすることで、信仰は開かれたものとなる。諸先輩方の信仰はそうして鍛えられ組み立てられた。私たちも、その歩みに連なっていきたいと思いますね。ありがとうございました。

※3　神学博士。西南学院大学名誉教授。平尾バプテスト教会協力牧師。近著に『どう読むか、新約聖書』（ヨベル）。

Q 「最近教会に行き始めた者ですが、初詣で神社に行ってはダメですか？」

《テーマ　偶像礼拝》　ゲスト回答者

関西聖書神学校　校長　鎌野直人
日本イエス・キリスト教団
千里聖三一教会牧師　金井由嗣

《質問》「私は最近教会に行き始めたばかりの女子です。家族から初詣に誘われているのですが、行ってもいいのでしょうか？」

初詣と偶像礼拝

大頭　これは困りましたね。教会に通い始めたあなたとしては、キリストに心引かれるものを感じておられるのでしょう。けれども、まだキリストだけが真理と確信しておられるわけではないようですね。

そんなところにお正月がやって来る。家族から、初詣の誘いがかかる。「初詣には行きません」と言ったら「なんだかつきあいが悪くなった」と言われてしまうかもしれません。また、ひょっとしたら、あなたは教会の誰かに初詣のことについてご相談なさったかもしれません。すると「偶像礼拝は罪です。行ってはいけません」というはっきりした返事が返ってきたかもしれませんね。罪という言葉にドキッとしたあなたかもしれません。

ではまず、偶像礼拝とは何かを、関西聖書神学校の鎌野直人校長に聞いてみましょう。鎌野先生、偶像礼拝って何ですか？

鎌野　偶像礼拝は、世界を造られた神以外の何か、多くの場合には自分をこの世界の王様にすることです。人は偶像礼拝をするとき、自分の願いをかなえさせようとしたり、何かに振り回されたりしています。

大頭　そこに本当の神様との違いがある、と？

鎌野　そうです。世界を造られた本当の神様は、私たちと共にいて、私たちと共に働くことを望んでいます。神様との交わりの中で、与えられた使命を果たすのです。アダムとエバのように、私たちは自分が世界の王となるために神様に背を向けました（創世記三章）。また、創世記四章でカインがアベルにしたように、他の人と自分を比べて、相手を押しのけて自分の思い通りに物事を動かそうとします。そしてすべての被造物を愛してケアするようにとの神様からの使命を捨てて、好き放題に被造物を貪る悪しき者になってしまいました。

大頭　自分や本当の神様以外を王とすることは恐ろしいことなのですね。

鎌野　そうです。だから神様は御子《みこ》イエスを

鎌野直人（かまの なおと）

関西聖書神学校校長、日本イエス・キリスト教団神戸中央教会副牧師、AGST/J Th.D.課程主任。「伝道者の書」の研究で哲学博士号を受ける。近著に『聖書六十六巻を貫く一つの物語』（いのちのことば社刊）がある。

送って、私たちをご自分のものとしてくださいました。世界を造られた神様に忠実に仕える本当の人として歩まれたイエスは、十字架の上で、偶像崇拝がどれほど悲惨な結果を招くのか、そして世界の本当の王である方が誰であるかを明らかにされました。こうして、罪人《つみびと》の私たちのために自らのいのちを与えてくださったのです。福音は世界の本当の王が神様であり、その方が何をされたのか、良い知らせを告げてくれています。この知らせを信じて、世界観が変えられることによって私たちの内に救いが始まるのです。

大頭　聖書は偶像礼拝を禁じていますね。

鎌野　それは、本物でない神を礼拝するとき、人はその神のような存在となり、最終的には自らに破滅を招くからです。それとともに、何よりも私たちが世界の主人になることが、天地を造られた神様のご計画にまったく反するからです。だから聖書の十戒にある第一戒は「あなたには、わたし以外に、ほかの神があってはならない」（出エジプト20・3）と教えるのです。

焚き火的対処法

大頭　では、この方はどうすればいいのでしょうか。千里聖三一《せんりせいさんいつ》教会の金井由嗣牧師に教えていただきましょう。

金井　教会の人たちって、「クリスマスは教会へ！」とか言うくせに、「初詣は偶像礼拝だから行っちゃだめ！」なんて、勝手なこといいますよね（笑）。でもこれは、ちゃんと

金井由嗣（かない よしつぐ）

日本イエス・キリスト教団千里聖三一教会牧師、関西聖書神学校講師。科学、哲学、落語をミックスしながら、聖書の教えをわかりやすく説き明かすことに情熱を燃やしている。

理由があるんですよ。

あなたは多分、どの神様を信じるか迷っていて、キリスト教の神様に心が傾き始めているから、こういう質問をするのではないでしょうか。いろいろある神様の中からどれかを選んで信仰する。これは相対主義の考え方です。たいていの日本人は、そう考えていますよね。人間が神様を選ぶ、と。

でも聖書の神様は、唯一絶対の方です。人間が神様を選ぶんじゃなくて、神様が人間を選ぶんです。白馬に乗った王子様がある女性を選んでプロポーズしたとして、それを受けようかどうしようか迷っている時期にほかのイケメンとデートしたら、王子様は怒りますよね。せっかくのプロポーズが台無しになってしまいます。

だから、このまま教会に通い続けてキリスト教の神様を信じることになったら、ほかの神様に浮気しかけたことを後悔することになります。そうするとやっぱり、初詣に行ってほかの神様を拝むことは、やめておいた方がいいんです。でもご家族は相対主義の中で生きていますから、「教会に行っているから初詣に行かない」という発想自体が理解できませんよね。「教会に行き始めたばかりなのに、えらい勢いやなあ。ああ。おそろし」と引いてしまうかもしれません。

大頭 では、具体的にはどうすれば？

金井 家族の人たちが、初詣に行きたいと思うのはなぜでしょうか？　家族や関わりのある人々の一年間の幸せを祈る、というのが中心なら、その願いは尊重したいですね。「私は教会の新年礼拝で、みんなの分までお祈りしてくるね！」と言って、教会に初詣に行くというのはいかがでしょうか。

大頭 なるほど。

金井 あるいは、お正月に家族で一緒の時間を過ごすこと自体が目的、という場合もあるかもしれません。それなら、新年礼拝の後で合流するとか、一緒に神社に行っても、そこの神様を拝むのでなく、端っこの方で一人で本当の神様にお祈りするとかして、あとの時間は一緒に屋台を回ったりして楽しく過ごせばよいのではないでしょうか。あ、でも、おみくじは引かないようにしましょうね。占いも偶像礼拝の一種ですから。それに聖書の神様は信じる人に常に大吉を約束してくれていますから、おみくじを引く意味はないですよね。

大頭 ふむふむ。

金井 この機会に、家族で本当の幸せって何か、を話し合ってみるのもいいですね。本当の幸せは、ただ願いがかなうことなのか、それとも願い通りにならない現実の中でも神様の導きを信じて生きていくことなのか。

本当の神様は主人公。愛する主人公。私たちが不幸と考えるさまざまな出来事の中にも愛を貫き、そこを通して、家族のきずなを強くし、思いがけないことがあっても、落ち着いて、他の人を愛しながら解決していく私たちにしてくださる。そうして他の人々を励ますことができる、そんな私たちにしてくださるのです。

大頭　あ、わかった。目からうろこです。お二人と話しているうちに聖書のみことばが浮かんできました。

「ですから、何を食べようか、何を飲もうか、何を着ようかと言って、心配しなくてよいのです。

これらのものはすべて、異邦人が切に求めているものです。あなたがたにこれらのものすべてが必要であることは、あなたがたの天の父が知っておられます。

まず神の国と神の義を求めなさい。そうすれば、これらのものはすべて、それに加えて与えられます。

ですから、明日のことまで心配しなくてよいのです。明日のことは明日が心配します。苦労はその日その日に十分あります」

（マタイ６・31―34）

Q「クリスチャンって〝きよい〟生活しないといけないんですよね?」

《テーマ　きよめ》　ゲスト回答者

イムマヌエル綜合伝道団 牧師
日本福音同盟総主事
岩上敬人

《質問》「クリスチャンになって三年。なんか最近、世の人と変わらない言動をしていて、聖書にある『きよさ』とは程遠いなと感じます。そもそも『きよさ』ってどんな状態なんでしょう?」

クリスチャンは聖なる者

大頭　この問題は、「きよめ派」というグループにある教会の岩上敬人牧師に聞いてみましょう(実は、私もそうですが……)。この系統の教会で強調されてきた「聖化」とか「きよめ」は、根本的には他の教会でも語られていることですが、聖書にある「きよさ」ってどんなことですか。

岩上　ローマ人への手紙の一章七節に、「ローマにいるすべての、神に愛され、召された聖徒たちへ」とあります。まずは、この一言に尽きると思います。クリスチャンは、聖なる者として召されているのです。そして、きよさというのは、神の召しによって与えられたものなのです。それは、自分では選べないものです。こちらに選択権のないものが、神の召しなのです。親は選べない、いつ、どの時代に生まれるかも選べない。私たちは、いろいろな選択もできますが、神の召しに関しては選択権がない。別の言い方をすると、召しとは「気づいたら、そうなっていた」という世界です。

岩上敬人（いわがみ たかひと）
1968年生まれ。関西学院大学文学部英文科卒業後、イムマヌエル聖宣神学院卒業。その後、米国・アズベリー神学大学院（M.Div.）、英国・マンチェスター大学大学院（Ph.D.）を卒業。現在、イムマヌエル綜合伝道団牧師。日本福音同盟総主事。著書に『パウロ』、訳書に『ピリピ人への手紙』（いのちのことば社）などがある。

神様を信じた時に、「あなたは聖なる者である」という召しに入れられているのです。それが聖化です。だからすべてのクリスチャンは聖なる者なのです。

パウロはほぼ全ての書簡で、クリスチャンのことを「聖なる者」と呼んでいます。しかし、「聖なる者」が、キリスト教の歴史の中で「聖人」といったステータスになっていったため、クリスチャンが自分のことを「聖なる者」とは呼ばなくなった。そして、どちらかというと「罪人」が強調されるようになりました。自分は「罪人」なので、きよめ派なら「いつかきよめられて、聖なる者になれたらいいね」とか「死んだ後に聖なる者になれたらいい」と考えて、この地上にいる間は、聖なる者になれないとあきらめている。しかし、神様は、人がイエス・キリストを信じた時から、すでに聖なる者として召しているのです。

大頭 そこに大きなギャップがありますよね。

岩上 クリスチャンになった時に、そういうことは教えられないですよね。「聖なる者」とは、イエス・キリストの所有となっているという意味もあります。ですから、「完成された者」ではありません。

大頭 罪を犯す可能性を秘めた者であっても、「聖なる者」だと言えるのですね。

岩上 そうです。しかし、「聖なる者」なのだから、どう生きていくかが問われます。クリスチャンの子どもが、友達から悪いことを一緒にするように、どうするかと問われるのと同じことです。

大頭 聖書に「キリスト者の完全」という言葉がありますが、「クリスチャンは、ちっとも完全じゃない」と言われることもあります。しかし、ひたすら神ときよさに向かい続ける姿勢が「完全」なのですよね。

岩上 人間はアイデンティティが生き方を生み出していくものですが、私たちは、きよさの点で、その両者があまり結びついていません。「聖なる者」というアイデンティティを自覚していないので、聖なる生き方は自分とは別次元のモノとして捉えてしまう。

大頭 人間は、きよい行いを、心が伴ってなくても行うことによって、その時に得られる喜びや、よい習慣が身につくことで、体と頭が双方向に影響し合って、よい方向に変わっていくのだと思います。

変形した「きよさ」取り戻す

大頭　最近、きよめ派教会の中でも「聖化」ということがあまり言われなくなったように思いますが、なぜだと思われますか。

岩上　一つには「言葉を失った」からではないでしょうか。「きよめ」ということを、聖書の中心的メッセージとして位置づける言葉を失った。きよめ派では、セカンドブレッシング[※1]とか瞬時的きよめ、罪性の根絶などの教理が聖書以上に強調されたことで、傷ついた人が少なからずいました。そういったことを反省する世代が教会のリーダーの立場になったときに、「聖化」という言葉に本来あるべき意味よりも、否定的意味を感じるようになったため、かつてよりも強調されなくなってしまった。今は、それに代わる新たな言葉を見つけなくてはいけないのですが、まだ見つけられていません。

「きよめ」とは何かということについて、昔なら「己の死」「十字架での死」「自己磔《たく》殺《さつ》」とか、いろいろな表現がありましたが、行き過ぎた点もあったわけで、クリスチャンの子でも信仰につまづくことも起きてしまった。だから、本来の意味を取り戻す意味でも、新しい言葉が必要ではないでしょうか。

大頭　「私はきよめられました」という証《あか》しがかつてよく語られていたのですが、それには実体が伴っていなくて、無理して言っているようなところがあった。そうした問題を生んだのは、体験を重視しすぎたという

※1 神の前で罪を告白し、キリストに従う回心によって得られるのが、最初の恵み（ファーストブレッシング）とすると、その後も残る罪の性質が完全に取り除かれることをセカンドブレッシングとする考え方。

ところがなかったでしょうか。

岩上　きよめの経験がステータス化したのが、すごく大きかったと思います。「きよめられた」という体験がその人のステータスだと勘違いしてしまった。本来、それは出発点に過ぎないのに、到達点と勘違いしてしまった。そこから出発して、成長していかなくてはいけないのに、あたかも完成された者として証《あか》しをする。クリスチャンの、もう一ランク上のクリスチャンがあるかのように受け取られた。だから、きよめ派の中では、「救われたクリスチャン」と、「きよめられたクリスチャン」という区別をしていることもあります。救われたなら、きよめられなさいと言われるから、「自分はきよくないんだ」と刷り込まれてしまいます。それは聖書の教えとは違います。

大頭　超人的なステータスという幻想に上がった人と、上がってない人がいて、皆が上がろうとする。そして、そこに上がったとたん、自分が不完全であると認められなくなってしまう。そして、いろいろな不祥事が起きても隠そうとする。

岩上　それは本末転倒ですね。きよめを最初に伝えた人たちは、真実に自分が経験したと思います。それが何代にもわたって伝えられてくる中で、神学も固められ、やがて皆が、その神学に自分の経験を合わせるようになってきた。そして、実体験や実生活とかけ離れたところで、無理やり方程式に自分を当てはめようとする。そして、当てはまらない人をはじいていくことも残念ながら起こってきた。神学が整理され、緻密になっていくのは素晴らしいことですが、弊害もあると思います。それによって人々の経験

を縛ってしまう。信仰の自己矛盾が生じたときに、本来はそこで砕かれ、修正されていくのが健全な姿ですが、ステータスができてしまうと、矛盾を隠してしまう。人間の弱さですね。

　見かけ上は、自分はよいクリスチャンであろうとする。その結果、教会での姿と、家庭での実生活の姿に大きなギャップのあるクリスチャンとなってしまう。その姿を見た子どもたちが、「こんなきよめなら、自分たちには必要ない」と、信仰に背を向けてしまう。そういう目に見えないサイクルが積み重なってきている感覚が私にはあります。信仰継承の弱体化も、きよめの課題と深く関わっているのです。

大頭　十九世紀に日本に入ってきたホーリネスムーブメント（きよめ派教会を生み出した）が、個人主義的傾向を色濃くもっていました。それでステータス化しやすかったと思います。

岩上　最近、N・T・ライトとか、スコット・マクナイトなどの著作が日本でも紹介され、福音をもう一度見直そうという動きが出ていますね。きよめ派というのは超個人主義で、個人が神の前できよくあるにはどうしたらいいかがものすごく大切なのです。しかし聖書的なきよめは、教会がきよくなること、教会がキリストの花嫁として整えられていくことなのです。

パウロが言っていますが、愛し合うことを学びながら、教会や社会の中できよめを実践していく。きよめの実体を経験し、その過程で練り直されていくはずなのです。

大頭　岩上先生が以前に出されたパウロの聖化に関する本は、そうしたところに焦点を当てているのでしょうか。

岩上　『パウロの生涯と聖化の神学』[※2]という本で、きよめは個人と共同体の両輪で進められなければ、きよめとは言えないということを論じました。教会は教会論の中で語られ、聖化論とは結びついていなかった。もちろん聖書的にはしっかりつながっているのですが、あまりそこに関心が向けられない状況がありましたから。

大頭　世界の回復という大きなテーマを否定して、個人の天国行きと、ステータス化したきよめにしがみついていると、教会はこの世界との関わりを無くしてしまうのではないかということを恐れています。

個人の救い、世界の回復

大頭　きよめは個人だけでなく、教会や社会

※2　日本聖化協力会出版委員会発行。

の中で実践していくことの重要性を語っておられましたが、岩上先生は、日本福音同盟で、教会が社会と関わることを促進する活動もしていますね。

岩上　やはり世界の回復や、聖書の示す大きな物語の中で、もう一度きよめというものを位置づけ直さなくてはならないと思います。個人の救済論の救いの順序の一つのステップとしてきよめを理解するという、従来の神学的理解では、対応できなくなっています。まさに言葉を失っている状態です。ローザンヌ運動[※3]の影響もあり、日本の福音派でも、福音とは単なる個人の救いのためだけでなく、世界全体の回復に向かうものであるという、福音理解の変化（再定義）が始まっています。きよさというものが、この世界の完成にとって、とても大切なアイデンティティだと思っています。

大頭　失った言葉の代わりを見つけるための手がかりとして、ほかにどんなことがありますか。

岩上　きよめというのは、アイデンティティの問題であるということの次に、神様との関係ということに関わってきます。

クリスチャンは、義と認められて、神の子どもとされ、神の家族、契約の民に入っているという、神様との関係があるからこそ、「聖なる者」なのです。その聖なる者が、曇りのない神様との関係を保ち続ける。一度関係を結べばＯＫではなく、ずっと継続的に保つのです。パウロは、そのために必要なのは礼拝だと言っています。ローマ書

※3　1974年に開かれたローザンヌ世界宣教会議で、世界の福音派教会にビジョンと活力を与えた。そこで、福音的宣教の使命の明文化、包括的な宣教理解の再発見などが提示された。

十二章一節の「あなたがたのからだを、神に喜ばれる、聖なる生きたささげ物として献《ささ》げなさい」に行き着くと思います。神様との曇りのない関係とは、自分を神様に献げるということ以外にありません。

旧約の時代は傷のない動物を祭壇に献げ、ユダヤ人たちが礼拝を守ってきましたが、新約の時代には、自分自身を神に献げるという礼拝によって生きていく。それが聖書的なきよめだと思います。「聖なる者として召されている」ということと、自分の生き方として献げるということが、大切になってくる。その意味でも、きよめは、きよめ派の専売特許ではないのです。

大頭　礼拝で、自分の中に悔い改めるべきことがあるときに、それを悔い改め、キリストの十字架の上に置く。やはり、主の祈りにあるように、「我らを赦《ゆる》したまえ」と祈り、悔い改め、和解し、何度でもやり直すことが、きよい生活の一部なのですね。

岩上　神様との曇りのない関係の中で、パウロは「あなたは罪と死の支配にはない」と言った。私たちは、自分自身の心の王座にイエス様がついていなければ、罪に支配されるのです。

大頭　人間は、そこに何かしら置かないとやっていけない生き物なのですね。

岩上　そうです。そこに自分を置くかもしれないし、欲望を置くかもしれない。その王座を神様に献げ続け、それを共同体全体としてやり始めたら、ものすごい世界に入っていきます。だから、きよめられた人というのは、日々悔い改める人だと思います。

大頭　そうなると神と人との関係が健やかになりますね。ローマ書の五章に、クリスチャンは悪の力、罪の力の中にはもうなく、キリストの力の支配の中にいるんだとありますが、それがなかなか理解されていないと思います。ここを、個人的な内面のことだと思っている人が多いと思いますが、実はもっと壮大な世界観を語っているということが、近年、注目されはじめています。

「きよめ」の新たな言葉を

大頭　聖化を強調したジョン・ウェスレー※4は福音宣教の一環として社会活動もしました彼は、貧しい人を大いに顧みた人でしたが、そうした社会活動を、日本の福音派では信仰とは関係ないものと捉えてきました。しかし、神の聖徒として生きていれば、社会的弱者に目をつぶれるはずはないのです。岩上先生も、公共神学の領域に踏み込んで活動されていますね。それは、きよめの必然的な結果だと思います。

岩上　きよめは、単に個人と神様との関係に留まらない。教会との関係、社会との関係にまで及び、キリストの愛を世界に対して証《あか》しします。それが、本来きよめ派にとっての中心的なところだと思います。

ところが、教会がこの世界と隔絶した「聖なる世界」を作ってしまった。「世的なもの」をすべて否定し、魂の救いだけに注力するようになったのです。福祉や社会問題を内包した世界はやがて滅び、神様は素晴らし

※4　18世紀のイングランド国教会の司祭。メソジスト運動と呼ばれる信仰覚醒運動を指導した。この運動は、メソジスト派のプロテスタント教会を生み、きよめを強調するホーリネス運動へとつながった。

い新天新地を用意しているから、この世界のことよりも、私たち聖なる教会が天国に行けばOKという考えが、教会の考え方の根底に根付いてしまった。日本ではキリスト教がマイノリティであるがゆえに、その考えが余計に加速してしまいました。

私は、今アジア福音同盟などと関わっていますが、そこで痛感するのは、家庭が教会から切り離されていることです。その点を補完すべく活動しているD6ファミリーカンファレンスが開かれ、私の妻も関わっていますが、日本のクリスチャンは、母と子で教会に来ているケースが多い。その時に、家庭と教会が分断されて、つながりがないということが多く、父親は家庭に取り残されている。また、教会での両親の姿と、家庭での姿に大きなギャップがあったりします。若年層の人口が減っているうえに、クリスチャンがクリスチャンとしての魅力を失っていることが、信仰継承を阻んでいる。それは、きよめと無関係ではないのです。

大頭　ところで、きよめ派の教会では、聖化の先に「栄化」という言葉を使いますが、これについて説明をお願いします。

岩上　きよめのゴールとして「栄化」という言葉を使います。再臨、黙示録理解など、難しい問題はありますが、私たちはひとつのゴールに向かって進んでいる。そのゴールは、今の私たちの世界とはまったく関係なく、上から降りてくるようなものではない。この世界の延長線上にあります。私たちの身体の栄化ということも含まれています。この栄化を、今の自分とどう結びつけるかが大切です。栄化は希望だと思います。私たちがどこに向かっているのかという希望で（黙示録は解釈が難しいですが）、その記述

で垣間見せられている栄光のイメージをもちながら、今を生きる。私たちが、ゴールに向かって歩んでいるという面もあるし、向こうから近づいてきている面もあります。
　そいう意味での栄化という意識を、今取り戻す必要があるのではないでしょうか。ただ単に、私たちが召され、その後、復活に与《あずか》って新しい神様の世界で永遠に生きるということだけに留まらないのです。

大頭　今のお話で大事なのは、現在との連続性ですよね。栄化は、天国の話だけに焦点を当てると、現状はしょうがないんだと諦めて、死後の世界だけに望みをかける生き方になりがちです。そうではなく、神が示したすばらしい世界を、現在の生活に引き寄せて考えることが大事な指摘だと思いま

す。まさに自分の周囲も含めた聖化が大事になってくる。

岩上　そうですね。聖化の歩みの延長線上に、栄化があります。私たちがキリストの似姿に変えられていく。そして最終的に、完成された神のかたちに回復されていくことだと思います。

大頭　気をつけなくてはいけないのが、栄化という言葉のもっているイメージがあるので、その意味を丁寧に話さないと、従来の個人の内面に特化したイメージに引っ張られると思います。これをずっと使ってきたきよめ派では、その内容にふさわしい新しい言葉を作り出したらいいと思います。ただ、言葉はすぐ陳腐化します。本質をとらえた新しい言葉を、十年ごとくらいに生み出したらいいと思います。それは、本質からずれてしまった言葉をもういちど本質に戻す作業なのです。

岩上　今生きている人たちや、これから来る人たちのために、言葉を探していかないといけませんね。

私たちは宗教改革で示された義認の理解を継承していて、義認の次に聖化という段階で意識してきましたが、近年、義認理解が変化していて、その救いの順序も、ストーリーを作り直していく必要があります。

大頭　古代教父に言わせれば、義認と聖化は同じことの二つの側面であり、段階ではないのです。

岩上　聖化と義認はすごくオーバーラップしているところがありますね。

恐縮ですが
切手を
おはり
ください

郵便はがき

〒164-0001
東京都中野区
中野 2-1-5

いのちのことば社
フォレストブックス 行

お名前

ご住所 〒

Tel.

男　女

年齢

ご職業

WEBからのご感想投稿はこちらから
https://www.wlpm.or.jp/pub/rd
新刊・イベント情報を受け取れる、
メールマガジンもございます。

愛読者カード

本書を何でお知りになりましたか？

1. □ 広告で（　　　　）
2. □ 書店で見て
3. □ ホームページで（サイト名　　　　）
4. □ SNSで（　　　　）
5. □ ちらし、パンフレットで
6. □ 友人、知人からきいて
7. □ 書評で（　　　　）
8. □ プレゼントされて
9. □ その他（　　　　）

今後、どのような本を読みたいと思いますか。

ありがとうございました。

書名

お買い上げの書店名

本書についてのご意見、ご感想、ご購入の動機

ご意見は小社ホームページ・各種広告媒体で匿名にて掲載させていただく場合があります。

ご記入いただきました情報は、貴重なご意見として、主に今後の出版計画の参考にさせていただきます。その他「いのちのことば社個人情報保護方針 https://www.wlpm.or.jp/about/privacy_p/」に基づく範囲内で、各案内の発送、匿名での広告掲載などに利用させていただくことがあります。

Q「教会でよく聞く『霊的』って、どんな意味なんですか？」

《テーマ　霊性》

ゲスト回答者　翻訳者 霊的同伴者　中村佐知

《質問》「教会では、霊的な話を聞きますけど、自分はそういうのと無縁な感じがします。どうしたら『霊的』になれるのでしょうか」

どんな状態が霊的なのか

大頭　こういう悩みは意外と多いんじゃないかと思うんです。それには「霊的」という言葉に対する誤解があると思うんです。

中村　「霊的」って、確かに曖昧な言葉ですよね。祈りが聞かれ、願い事がどんどんかなう、いわゆる「スピリチュアル系」のイメージもありますね。あるいは、聖書を読むとか、祈るとか、礼拝や祈祷会に行くとか、そういう活動をすることを「霊的」と思う人もいるかもしれません。「祈る」ということについても、目を閉じて、頭《こうべ》を垂れて、手を組んで、神さまに向かって何かを言うことだけが「祈り」だと思っている人も多いでしょうし。「霊的」ってどういうことか、まず最初に考えてみたいですね。

大頭　教会でも牧師がそういう指導をしていることがあったりするかも。佐知さん（中村さんのこと／以下同）、霊的であるとは？

中村　霊的であるとは、クリスチャンとか、宗教的な人だけのものだと思われがちですが、そうじゃないと思うんですよね。本来、人は皆、神のかたちに似せて造られ（創世1・26）、神によって息を吹き込まれた（創世2・7）「霊的」な存在なのですよね。ただ、アダムの犯した罪により、霊的に死んだ存在、つまり神さまとの関係が断絶された存在となってしまった（創世2・17）。

テイヤール・ド・シャルダン[※1]という人は、「私たちは霊的経験をしている人間（human beings）ではなく、人間の経験をしている霊的存在（spiritual beings）なのである」と言ったそうです。どんな人でも、自分を超えた何か大きな存在を感じたり、そういう存在に対する切望を覚えたりすることってあると思うんですよ。すべての人が聖書の神さまとの関係を回復したわけではないので、その「存在」をどこに求めるかはさまざまでしょうが、クリスチャンにとっては、その切望が聖書の神さまに向かうのですよね。

アメリカのエピスコパル教会司祭のマージョリー・トンプソンは、「神の霊を受け取り、反映させ、応答する、普遍的な人間の容量《キャパシティー》」を霊性と呼んだそうですが、人が神さまを知りたい、神さまと関係をもちたいという願いをもつことを「霊的」って言ってもいいのかもしれない。乱暴でしょ

※1　19～20世紀のフランス人カトリック司祭。古生物学、地質学者でもあった。

うか。質問主さんが、ご自分は「霊的じゃない」って悩むこと自体が、実は、質問主さんが霊的存在であることの証拠ではないでしょうか。

大頭　なるほどー。

中村　神さまの願いは、私たちの問題や葛藤に答えや解決を与えることそのものではなく、それらを通して、私たちがますます神さまを求め、神さまと一緒に歩こうとするようになることだと思うんですよ。自分が抱える問題に対する神さまからの答えがわからない、みこころが見えないと感じるとしても、それはその人が霊的ではないということではないと思います。

先ほど、神さまとの関係が断絶された状態が霊的に死んだ状態と言いましたが、クリスチャンは神さまとの関係が回復された人たちですよね。でも、クリスチャンであっても、ときには神さま抜きで走り出してしまったり、神さま以外のものに頼ったりしてしまうことがあるかと思います。それでも、そういう自分に気づくなら、気づくこと自体が神さまからの促しや招きや語りかけに自分の霊が反応している証拠なのでは

中村佐知（なかむら さち）

キリスト教書翻訳者。霊的同伴者。主な訳書に『境界線～バウンダリーズ』『心の刷新を求めて』『あなたがずっと求めていた人生：真の霊的変容へのロードマップ』など、著書に『隣に座って』『まだ暗いうちに』がある。

ないでしょうか。

大頭　霊的な人というのは、一切悩みもない信仰の人というわけではないんですね。

中村　はい。霊的な人というと、俗世間から離れて達観した仙人みたいなイメージかもしれませんが、霊的生活とは、実はとても泥臭いというか、食べたり寝たり、仕事したり遊んだり、悩んだり喜んだりという日常生活の営みに根ざしたものだと思います。

ヘンリ・ナウエン[※2]は「その瞬間、瞬間を、存分に味わうようにしましょう。主は、あなたがうわの空ではなく、いちばん心を向けているその場所で、ご自身を表してくださるのです」と言っています。神さまの御臨在とか促しとか、いつどこにそれがあるのかあまりわからないと思うなら、自分はどんなとき、何をしているとき、いちばん生き生きとし、喜びや感謝を感じ、自分らしくなっているかを考えてみるといいかもしれません。神さまに愛され、神さまに似せて造られた私という人間が、いちばん生き生きしているときというのは、いちばん神さまとつながっているときで、そのとき神さまはご自身を表してくださっているはずですから。

大頭　では、より霊的になる、という願いは変？

中村　より霊的になることを願うというよりは、神さまとの関係をより深めることを願うとか、神さまの臨在をもっといつも近くに感じられるようになることを願うとか、神さまをより愛し、神さまの愛をより受け

※2　20世紀のカトリック司祭。イエール大学、ハーバード大学の実践神学教授も務めた。スピリチュアリティに関する書作が多い。、

入れられるようになることを願う、ということかな？　詩篇二七篇四節でダビデが主の家に住み、主の麗しさに目を注ぐって言っていますけど、そんな感じ？

それもちょっと仙人ぽく聞こえるかもしれませんが、さっきのヘンリ・ナウエンが言っていたように、一瞬一瞬を存分に味わうことを求める、と言ってもいいのかもしれないですね。

あと、霊的であるとは、神さまや信仰について一切の迷いがない、という意味でもないと思うんですよ。いろいろ迷ったり疑ったり混乱したりする中でも、自分を愛し導いてくださる神という存在を求めるのであれば、霊的な人と言えるのではないでしょうか。

人は皆、霊的存在なのです

大頭　佐知さんは「霊的同伴」というのをやっているそうですが、それはどんなことをするんですか？　霊的になることに役立ちますか？

中村　霊的同伴とは、神さまとの関係を深めたいという願いをもっている人が、自分の生活の中のどこに神さまがおられて、どんな招きをしてくださっているのかに気づいて、それに応答するのを助ける働きです。

霊的同伴では、霊性を私たちが習得するものではなく、神さまと一緒に歩んでいくことだと考えるのですが、その旅路に同伴するのです。その旅路の中では、神さまのことが見えなくなることもあるし、自分が道に迷ったかのように不安になることもある。そのとき、一人で不安にならないように、一緒に歩きます。もし本当におかしな方向に行ってしまっていたら、そっちでいいの？　って声をかけます。でも、教えたりアドバイスをしたりではなくて、その人が旅路の中で感じていること、見ているものについてお話を聞きながら、その人が見ている景色を一緒に味わう感じです。

大頭　では、ぼくにも霊性があるし、これでいいんだ。安心しました。

中村　みーんな霊的な存在なのですよね！　だって、神さまに似せて造られたのだから！

ただ、神さまって工場で同じ型のものを大量生産するような方ではなく、私たちを一人一人手作りで、異なるユニークな存在に造ってくださったのですよね。だから、私たちが神さまを近くに感じるその方法というか道筋も、人によって異なるのだと思います。

たとえば、ある人は聖書や注解書などをじっくり読んで学んでいるときに、神さまのことをいっそう近くに感じるかもしれない。別の人は、心からの賛美をささげているときに神さまを近くに感じるかもしれない。また別の人は、大自然の中にいるとき、創造主なる神さまに触れられて心が深く動かされるかもしれない。さらに別の人たちは、奉仕をしているとき、社会正義のために活動をしているとき、あるいは一人でどこかにこもって静かに祈ったり黙想したりするときに、神さまを特別に近く感じるかもしれない。

自分が神さまを近くに感じる方法がほかの人の方法（あるいは一般的に教えられているもの）と違うとしても、自分は霊的ではないと思って卑下する必要はないですよね。同様に、他の人の方法が自分とは違うからといって、批判すべきでもないです。それぞれのユニークな個性を感謝しつつ、自分に合った方法で、主の御前《みまえ》に出て、神さまとの関係を深めていきたいものです。

大頭　おお！

Q 「クリスチャンなのに怒りっぽい私はどうしたらいい？」

《テーマ　怒り》

ゲスト回答者　臨床心理士　小渕朝子

《質問》「友人に、約束の時間を勝手に変えて、謝りもしない人がいて、相手に怒りをぶつけてしまいました。クリスチャンなのに怒りっぽい私はどうしたらいい？」

訓練で怒りをコントロール

大頭　生きていると、時々、自分勝手な人に出くわして、頭にくることがあります。今日は、アンガーマネジメント[※1]のコンサルタントで、カウンセラーの小渕朝子さんにお聞きします。そもそも怒りって何でしょう？

小渕　怒りは、自分や自分の大切なものを守るための感情と考えられます。自分が嫌な目に遭ったりとか、軽んじられたとか、誹謗中傷を受けたときに、それを押し返して「NO」と言うために発動するものなのです。

大頭　子どもの時から「怒ったらいかん」と言われてきて、怒るのはよくないと思ってきたのですが、そうでもないのですね。

小渕　怒って暴力や言葉で相手を傷つけるの

※1 怒りの感情と上手に付き合うための心理トレーニング。1970年代にアメリカで生まれたと言われている。（一般社団法人日本アンガーマネジメント協会HPより）

はよくないですが、自分が危険な目に遭っているサインでもあるので、必要な感情です。ただ、相手が普通に言っていることを勘違いして怒る場合もあるので、その時の「解釈」が大事になります。怒りのエネルギーは大きいですから、それを破壊ではなく、建設的な方向に向けないといけません。

大頭　それができる人とできない人の違いは何でしょう。

小渕　アンガーマネジメントを教えている立場から言えば、誰もがトレーニングで、怒りを回避する方法が習慣になると思います。

大頭　なかなかコントロールできなくて、苦労している人もいますね。

小渕　知識を得るだけでなく、実際にやってみることが大事だと思います。アドバイスしてくれる人や仲間を作って、取り組んでみるのもよいでしょう。まずは本などを読んで、自分でできるところから始めてみることだと思います。

　日常的な怒りをコントロールする方法には、三つのステップがあります。最初は、「立ち止まる」ということ。怒りは瞬間的にやってきます。何かを言われて、考える間もな

小渕朝子（おぶち あさこ）

上智大学大学院修了。公認心理師、臨床心理士。一般社団法人日本アンガーマネジメント協会アンガーマネジメントコンサルタント。田園都市カウンセリングルーム代表。単立オイコスチャペル所属。著書に『上手に怒る人になる』（いのちのことば社）。

く反応してしまいがちです。子どものことを大好きな母親が、「あっち行け」「顔も見たくない」と言ったり、手をあげてしまったりするかもしれません。アンガーマネジメント協会では、まず六秒待つように教えています。これで怒りが消えるわけではないですが、最悪の言動は避けられます。怒りの感情は、呼吸が早くなったり、目が吊り上がったりして、体が自然に反応してしまうので難しいのですが、訓練すると、「あっ、今興奮してきた」とか「声が大きくなってきた」といった自分の状態を意識できるようになります。そうすると、ちょっと水を飲むとか、ゆっくり呼吸してみるとか、工夫ができるようになります。

二番目は、「考える」です。怒りが起きたとき、怒らせている原因は他人だと思うものです。しかし、アンガーマネジメントではそうではないと考えます。自分を怒らせているのは「自分の考え方」だと捉えるのです。たとえば、質問者のように、約束の時間を勝手に変更されたときに、怒る人もいれば、怒らない人もいます。その違いは、「~すべき」という自分の中の常識やルールの有無なのです。

この「べき」は捨てるのが難しいので、「書き換える」のです。その方法にはいくつかありますが、「絶対に~すべき」から「~であってほしいが、たとえそうでなくても耐えられる」に変えるのです。「本当は~であってほしいけれど、理由があってできないんだよね」と考えたり、自分の中にある「〜べき」は全世界に通用するルールではなく、自分の「好み」だと書き換える。

たとえば私は、きれいに片づけられた部屋が好きなのですが、夫は散らかし屋で片づけが苦手です。それで、新婚の頃はよくケンカをしましたが、いくらケンカしても一向に片づけをしない。なので、きれいにしたいのは私の趣味だと思うようにしたのです。そうすると、具体的なアイデアが生まれてきて、あなたのテリトリーは散らかしてよいけど、私のテリトリーは散らかさないで、と言うことにしました。それである程度は住み分けできるようになりました。

コントロールの三つ目は、「行動する」。これは、対等な伝え方のスキルで、相手のことも、自分のことも大切にする方法です。具体的には「私ことば」で伝える。「あなたが悪い」「おまえはいつもこうだ」ではなく、「私はこうしてほしい」「私は、○○が嫌です」と伝える。それから、レッテルを貼る言い方をせず、事実を伝える。「やると言った約束が守られていませんよ」「○○までにやってほしいです」と伝える。自分の気持ちを言わずに察してほしいとだけ思って、不機嫌になっている人がいますが、状況が悪くなるだけです。

大頭　こうした方法を実行するのに、安全な関係から始めるといいですね。夫婦は、一見安全なように思えて、実はそうではなかったりする（笑）。

小渕　身近な関係の対象ほど、怒りが強くなるともいわれています。

大頭　私は、同年代の牧師だと話しやすいですね。その関係の中で言ってみて大丈夫だとわかったら、信徒の人に言ってみたりします。

聖書の教えを心理学で実践

大頭　聖書の創世記に出てくるカインは、アベルに怒りを燃やして殺してしまいます。その時の罪の力は、外から来るものとして捉えられていて、それを人間はどう治めるかが、神から問われています。しかし、「殺してはならない」という基本的な方針は聖書に書かれていますが、それを実現するための具体的なスキルは書かれていないので、それを心理学を併用することで補うことが大切だと思います。

小渕　聖書の教えを生きていくために、アンガーマネジメントをはじめとした心理学は役立つと思います。一九九〇年代には、「なぜ教会に心理学をもち込むのか」と言われもしました。しかし、今ではいろいろな教団から、子育てセミナーの講師として呼ばれています。聖書の示す「愛しなさい」を実践するために、心理学的な知恵が必要とされていることを実感しています。

日本人は、ネガティブな感情と向き合うのは下手なのではないかと思います。認められず、なかったことにしてしまうとか。本当は、ネガティブな感情を言葉にして整理し、自分の中に収めていくことが大事なんですね。もしくは周りの人に聞いてもらう。聞いた人も、怒ってはダメとは言わずに、何が嫌だったのか詳しく聞いてあげることです。すると、怒りではなく、悲しみとか寂しさとか他の感情が見えてくることもあるのです。

大頭　男性は特に、言葉にするのが苦手ですね。妻にも言えず、ギリギリまで抑えて爆発したり。「俺、こういう事態に弱いんだ」と言えるといいですよね。神さまはそういう窮地のとき、愛の共同体を用いるから、自分が所属する共同体の人に話せばいいと思います。

ところで、怒りに関する聖句がありますね。パウロは、「怒っても、罪を犯してはなりません」（エペソ4・26）と言いました。

小渕　この聖句は、怒りの感情が湧くことを否定してはいないのです。でもそれによって、人や自分を傷つけないよう戒めています。それに、「クリスチャンは怒るべきではない」と自分を責めてしまうと、自己肯定感が下がって、逆にそれが怒りの燃料になってしまいます。だから、自分の弱さを認めることです。弱いから時々怒ってしまうのはしかたない、と。そうやって、自分を赦してあげる。

そして怒りの奥にある「ニーズ」を探る。自分は何を大事にしようとしているのか、自分の本当の願いって何だろうとか。自分は何に傷ついたんだろうとかね。相手にやり返すよりも、それを知ることのほうが大事だと思います。怒った瞬間には難しいでしょうが、後で振り返ってみることです。

大頭　神さまの愛の眼差しで自分を見るように、「あの怒りの元は何だったんだろう」と考えてみる。それは自分ではなかなか見つけられないので、肯定してくれる仲間がいるといいですね。だけど、自己肯定感が低い人は、自分を内省するのが難しい、見たくないかもしれない。それはどうしたらいいでしょう。

小渕　誰かに導いてもらうといいですね。私はオンラインと対面でカウンセリングを行っていますが、怒りの問題での申し込みが多いです。本などでアンガーマネジメントを知って、自分なりにやってみたけどうまくいかないという場合に、お役に立てると思います。※2

大頭　「憤ったままで日が暮れるようであってはいけません」（エペソ4・26）という聖句もありますね。

小渕　それ、脳科学分野の知見からみても大事だそうです。寝る前に、気持ちを書き出してみると怒りの根っこに気づき、少し穏やかになれます。お祈りや黙想、軽い体操、お風呂に入るのもよいでしょう。また、怒り以外のことでも、生活を整えることも大切です。

大頭　こういう具体的な話を聞きたかった！まずは、ゆったり生きることが大切ですね。

※2 田園都市カウンセリングルーム https://www.aobadai-counseling.com/
カウンセリングオフィスお茶の水 https://www.counseling-ochanomizu.com/

Q「クリスチャンになったら描く絵も敬虔じゃないとダメですか？」

《テーマ　信仰と芸術》

ゲスト回答者　牧師画家　早矢仕宗伯

《質問》「絵を描くことが大好きです。今度洗礼を受けますが、今後、聖書のテーマ以外には描かないほうがよいのでしょうか？」

人間性を回復するための芸術

大頭　この質問は、いつもこのコーナーのイラストを描いている、じょ〜じ先輩（早矢仕氏。以下同じ）に聞きましょう。先輩は、四年前から「牧師画家」となったそうですが、その前は普通の牧師だったのですよね。絵をずっと描いていたんですか。

早矢仕　そうです。小学生の頃から絵描き志望で、高校生の頃には、とにかくアーティストになって、いろいろなことを表現したいと思っていました。

ところが十八歳の時、イエスさまに出会って、自分の生き方が大きく変わりました。クリスチャンになって、自分のためでなく、誰かのために生きるというのがとても魅力的に思えた。そうなると、自分のために作るアートというものに違和感を感じ、アートは捨てるべき古い自分に含まれると思ったのです。そして、自分を表現するより、神さまの栄光を表さなければならないと考えるようになっていました。

それで、教会でチラシなどを作ることはあっても、芸術からはだんだん離れていきました。自分の人生を価値あるものに使いたいと思った末に、牧師になることを決意しました。それ以降、私にとってアートは過去のものとなったのです。

大頭　信仰をもつと、必要以上に禁欲的になることがありますね。特に福音派の教会の中には、そういうプレッシャーがあります。

早矢仕　まさにそうでした。まだ十八歳でしたから、聞くメッセージや考え方にものすごく影響を受ける。新しい文化（教会コミュニティ）の中に入り、そこで自分の存在意義を見いだしたのだと思います。そこでは、アートは必要とされていないように感じたのです。

大頭　それが再びアートに向かい始めることになったのは、何があったのでしょうか。

早矢仕　五十代になって、人生の残りが見えてきたように感じた時に、これからどう生きようかと考え始めました。その時期に、ちょうど東日本大震災が起きて、自分のアイデンティティが揺らいだのです。「本当にいいのか、この生き方で」と。直接のきっかけは、福島でクリスチャン・アーティストが表現するプロジェクトに参加したことでした。その時は、被災地のようすを知り、そのプロジェクトでどんなことをやるのか見に行くだけのつもりでした。しかし、参加してみたら、自分も何か表現したいという気持ちが出てきた。でも葛藤はありました。それは捨てた道ではないかと。

そして、祈りの中で、十八歳でイエスさまを信じる以前の人生が、どこかにおいてきぼりになって、放置されていることに気づいた。その年月もイエスさまが贖《あがな》ってくださった人生のはずなのに、と。そして神さまが、「私はあなたを生まれた時から導いていた。そこを生き直してごらん」と言われたように思ったのです。

大頭　神さまに対する見方、福音のとらえ方が変わったのではないでしょうか。

早矢仕　まさにそうです。福音とは何かというとき、「罪から救われて、天国に行くことだ」と教えられ、自分でも語ってきました。しかし、福島から帰ってから、福音はもっと豊かなもので、人間性が回復されていくことではないかと考えるようになった。そして、僕がアートすることは、「私が私として造られていること」を表すことだと気づ

早矢仕宗伯
（はやし ひろたか）

1965年、京都府出身。日本福音自由教会の牧師を24年間務める。現在、「New Creation Arts Movement イエスの風」を立ち上げ、アート、生きざまでイエスを表現し、日本の教会や社会に神の国が現れるよう活動中。

いた。私という人間が生きている意義とか価値を表現することを神さまは喜んでくださっている。そのような中に神さまは招き、私を取り戻そうとしてくださる、と。

大頭　そこに気づけなくて苦しんでいるクリスチャンは多いかもしれません。

早矢仕　そう思います。僕の一つの使命というのはそこなのだと思います。僕がこんなふうに生き、突き抜けることで、あなたも「神さまに造られた私」を生きられるようになるということを伝えられたらいいなと思っています。

大頭　牧師であることと、画家であることは、どんな関係なんでしょう?

早矢仕　二足のわらじを履いているように見えるかもしれませんが、僕の中で説教をすることと、絵を描くことは同じことなのです。ことばを用いるのか、絵具や筆を用いるのかの違いがありますが、説教も絵画もアートで、福音を表現し、伝えようとしているのです。

僕が作品を作るとき、まずことばが浮かぶことがあります。説教題のように作品のタイトルが先に来て描き始めるのです。それは、牧師専任だった時の流れの延長線上にあるからかもしれませんね。

大頭　やはり、それも説教なのかもしれません。色付きの説教。

早矢仕　この活動を始めてからは、説教も、論理的な説明ではなく、今見ている景色をことばにするような内容になりました。

大頭　「〜しなければならない」ということば

ではなく、神の恵みや、神そのものが前面に出るようになったのですね。

早矢仕　それが僕の願うところです。神さま、、、が見える説教や作品。僕がいちばん描きたい、表現したいのはイエスさままでです。それが、単に長髪で髭《ひげ》を生やした人物を描くということではなく、「ああ、私今日、イエスさまと会ったんだ」と思えるような。

僕の心には、ルオーという画家の作品がいつもあります。特に好きなのが、受難の姿を描いた「キリスト」※。この絵の前でしばらくじっと過ごしていると、何か心が平安になるというか。安心して、「ああ、イエスさまは本当に一緒にいてくれるんだ」と思える。イエスさまとお会いした経験になるのです。僕もこういう作品を描きたいですね。

絵に込めた福音の世界

大頭　絵は面白いですね。ことばだと、それは間違ってるとか、合ってるとかになりやすいけど、絵だと「こういう見方もあるんですね」とけんかにならない。

早矢仕　同じ絵を見ていても、人によって解釈が違うことがあります。面白いのは、作者が考えていなかったことを、みんなが読み解くのです。そして僕に「そうでしょう?」って聞く（笑）。描いた本人は、言われてみればそうだと思えることがあります。感覚に従って描いている時は意味を自覚していなくて、描き終わった時に見えてくることもたくさんあります。

※ ジョルジュ・ルオー作。パナソニック汐留美術館所蔵。

大頭　最近の「傑作」は何ですか。

早矢仕　去年、あるミッション系の保育園の食堂に飾る絵を描きました。百号の絵で、イエスさまを描きました（次頁）。百名近くの子どもたちなどが出入りする場所です。

抱かれている二人が自分たちだと思ってくれたらいいなと。イエスさまの前に、私もいるしあなたもいる。それが子どもたちに伝わったらいいと思います。

大頭　結局信仰というのはそういうことかもしれませんね。

早矢仕　そうですね。イエスさまの腕の中に、私とあなたで憩う。イエスさまが僕らに差し出してくれたのは、そういうものではないかなと思います。描いているうちにこうしたイメージが生まれてくるのです。頭で考えてもなかなか出てこないのですが。

大頭　まさに黙想ですね。

早矢仕　作品を描くということは、僕にとって黙想であり祈りですね。時にはうめきのような。それは、自分の生活と密接につながっているので、不安なども作品に出てきます。そして、描いていくうちにそうした気持ちが昇華されていくことがあります。その結果できた作品が、神さまから自分への応答だったりすることもあります。

僕は今、復活のキリストを描きたいと思っています。イエスさまは、僕らのために、汗と涙を流しながら、今も一生懸命働いてくれている。たとえ今、急に死ぬことがあっても、大丈夫なんだと。生きるにしても、死ぬにしても、この方の腕の中にあっ

てのことだと。イエスさまは、地上でのいのちが尽きた後、再びよみがえらせてくださる。だから、今日を安心して、精一杯生きていける。そういうことを僕は伝えたい。

大頭　まさに福音ですね。こうした多様な表現があり、伝道の手段があることは、神さまの創造の豊かさや多様性の生きた証《あか》しだと思います。

早矢仕　神さまは本当にユニークなお方で、僕らの考えや計画をはるかに超えていて、びっくりします。

大頭　それを私たちが小さな器に入れて、小さくしたらいけないですね。

早矢仕　生きていると、自分のわかる範囲でやらざるをえないところはあって、限界にぶつかりながら戦う苦労は本当にわかります。でも、その限界にぶつかって壊されて、さらに限界が広がっていくことがあります。そこから見えてくる世界は、とてつもない、豊かで美しいものなのです。

大頭　じょ～じ先輩の生き方を見ていると、もっと大胆でいいんだと励まされます。

■早矢仕氏の作品は、ウェブ上で見ることができるほか、ポストカードを購入することもできます。「イエスの風」で検索。https://www.windofjesus.com/

第三章　キリスト教周辺事情

Q 「キリスト教とユダヤ教。基本は同じ？　全然違う？」

《テーマ　ユダヤ教》　ゲスト回答者

ユダヤ研究者
同志社大学神学部元教授
手島勲矢

《質問》「キリスト教は、ユダヤ教から生まれたのですが、両方は基本的に同じですか、それともまったく違いますか？」

一つの根っ子にある両者

大頭　この問いには、エルサレム・ヘブライ大学で学んだユダヤ研究者の手島勲矢さんに聞いてみましょう。

手島　私は、両方の宗教とも、歴史的には、ユダヤ・キリスト教という一つの根っ子に戻るものだと思っています。いつから「キリスト教」「ユダヤ教」という言葉が対比的に使われるようになったのかを文献で探ってみると、一世紀末の、アンテオケのイグナチオの書簡集に納められている「マグネシア人への手紙」の中に、その手掛かりがあります。

「もし、今なおユダヤ主義に生きるなら、それは恵みを無視することにほかなりません。聖なる預言者達はキリスト・イエズスに生きた人々で、迫害されたのはそのためでした。（中略）それで、古い体制に執着していた人々が新しい希望を抱いた時、ただちに土曜日《シャバット》（編集部注・安息日）を祝うのをやめて、主日を祝うことにしました。主とその御死去を通じて、われわれの生命が現われたのは、日曜日だったからです。（中略）その御業《みわざ》によってわれわれは信じ始め、唯一人の師イエズス・キリストの弟子として頑張りつづけているのです」（G・ネラン／川添利秋訳註『アンチオケのイグナチオ書簡』57―58頁）。これがユダヤ教（Judaism）との違いを意識した頃のキリスト教（Christianism）なのです。

「キリスト者という名称に満足しない者は神に属するものではありません。それで古くてすっぱくなった悪いパン酵《だね》を除き、イエズス・キリストという新しいパン酵に変化してください。（中略）一人も腐らないように主に塩づけされていてください。イエズス・キリストを唱えながらユダヤ主義に生きるのはまったく無理なことです。実際、キリスト教はユダヤ主義を信じたわけでなく、かえってユダヤ主義がキリスト教

手島勲矢（てしま いざや）

1958年熊本生まれ。エルサレム･ヘブライ大学のユダヤ思想及び聖書学科卒業（B.A）。ハーバード大学大学院近東言語文明学部博士課程修了（Ph.D.)。著書に『ユダヤの聖書解釈』（岩波書店 2009年）などがある。元同志社大学神学部教授。

を信じたのです。そして神を信ずるあらゆる舌はキリスト教において一つになるのです。」（同59頁）

大頭　確かにユダヤ教とキリスト教の対比が描かれていますね。

手島　しかし、今もローマの聖サビーナ教会のバシリカ（聖堂の絵）に残っているように、五世紀くらいまでは、割礼者の教会（イエスを信じるユダヤ人の教会）と、割礼をしない異邦人の教会という二つの流れがあったことが知られています。

その点で、割礼を受けていたペテロ、パウロ、そして主イエスも、ユダヤ主義の戒律の中にいた人物であったのは明白です。しかし、エウゼビオスの『教会史』では、古くからのユダヤ教の習慣を行いながら、メシアとしてのイエスを信じるエビヨン派などの存在を異端として描いています。そうした初代教会の現実から離れてしまった現代の私たちには、キリスト教会とユダヤ教が一つの根っ子を共有していたという過去については、わかりにくいかもしれません。

聖書は特定の教会の所有物ではなく人類全体のものです（この認識はなぜギリシア語に翻訳される必要があったのかの背景を説明する「アリステアスの手紙[※1]」にも出てきます）。預言者イザヤの書にも「遠き島々の者よ、わが声を聞け」と言う趣旨のメッセージがありますが（49・1）、これはイエスの宣教（マタイ4・15、16）にも通じる話でもあり、パウロについては文字どおり「あなたを異邦

※1 旧約聖書の偽典の1つ。プロテスタント教会では聖書に含んでいない。

人の光と」する（使徒13・46、47）と言われます。これはイザヤ書（49・6）の言葉です。このような、聖書の生命や預言者の信仰の本来の姿に立ち返ろうという動きは歴史の中で何度も起こっていました。

ヘブライ語から力を得た聖書

手島　十六世紀の宗教改革の背景には、ヘブライ語文法学習の大流行とユダヤ教聖書（タナッハ）への回帰（ヘブライズム）がありました。改革を主導したルターたちは、当時彼らが使っていたラテン語聖書（ウルガタ訳）ではなく、ユダヤ教のヘブライ語聖書[※2]を元にドイツ語で新たな翻訳をしました。

このようなヘブライ語原典に立ち返って聖書を訳し直す伝統は、古くは、ヘブライ的真理を追究した四世紀のヒエロニュムスの伝統に遡るものです。彼は、ギリシア語聖書（七十人訳）と、ユダヤ教のヘブライ語聖書がかなり違うことに気づいたことから、そのギリシア語聖書から翻訳されていた当時のラテン語の旧約聖書（古ラテン語聖書）に代わる、ヘブライ語聖書からの新しいラテン語訳（ウルガタ訳聖書）を作りました。

オリゲネスの時代（三世紀ごろ）以来、クリスチャンは、自分たちの使っている聖書から話を始めると、ユダヤ人から「ヘブライ語聖書はそうなっていない」とひどく批判された。この四世紀というのは、キリスト教がローマ帝国で認められ、東西に分裂する帝国の中で、ローマ世界の主人公にな

※2　16世紀ボムベルグのラビ聖書のテキストがキッテルのビブリア・ヘブライカの初版テキストになる。しかし、第3版では、11世紀に作成されたレニングラード写本へ、テキストを変更した。

る時代でもあるので、ヒエロニュムスのウルガタ訳聖書は、西方の教会の理解を一つにするのに非常に大きな役割を果たしました。

大頭　キリスト教は、ユダヤ教のヘブライ的真理にお世話になってきたのですね。

手島　現代まで聖書がぶれずに伝えられてきたのは、ヘブライ語聖書を徹底的に学び愛した人たちが異邦人の中にもいたということです。ヒエロニュムスが訳し直したウルガタ訳は、その後、カトリック教会で長く使われることになります。カトリックの人たちには、「ヘブライ的真理」という概念は脈々と生き続けていて、十六世紀のルターの宗教改革が聖書に立ち返ろうと思ったのも、ヒエロニュムスがヘブライ語聖書の原典から翻訳し直す発想があったればこそです。ただし、これはローマを中心とする西方教会の話です。

一方、コンスタンティノープルを中心とした東方の諸教会はどうだったか。アンテオケ、アレクサンドリアなど、聖書に名前が出てくる東方教会の人たちにとっては、キリスト教が生まれる以前よりあるギリシア語に訳された旧約聖書七十人訳こそが本当の間違いのない聖書の伝統であり、そこから派生した自分達の聖書（シリア語、古スラブ語、アルメニア語など）は、聖書伝統の本流であるとして、翻訳への信頼は揺るぎませんでした。

しかし、西方のローマ教会は、それまで自分たちの使っている古ラテン語訳がギリシア語から訳されたものであり、それに代わるヘブライ語聖書原典からの、ヒエロニュムスのウルガタ訳があるとしても、いつも「僕たち、本当にちゃんとした聖書を読んでいるのかな……」という不安感があったのです。

　それに加えて、西方のカトリック世界では、時代が進んで十六世紀になると、ラテン語自体が民衆にはわからない言葉になり、聖書の言葉をそれぞれの国のわかる言葉にしてほしいという要望が生まれてきます。その時、結局、後にプロテスタント教会となる人々は、原典の言語であるギリシア語・ヘブライ語に立ち帰るという発想に戻り、原典からの聖書の再解釈を宗教改革の原動力にしていったとも言えるのです。

大頭　宗教改革につながる下地になったのですね。

手島　実は、宗教改革の少し手前の十五世紀から十六世紀にかけて、西方教会では、古代の古典を再評価するルネッサンスが起きたことで、ヘブライ語文法を人文学者たちが真剣にユダヤ人学者に学び、最終的にはラテン語でヘブライ語文法書を書き始めます。中にはユダヤ人並みに、ヘブライ語で話し、手紙を書くことができるクリスチャンも現れてきます[※3]。

そして、このヘブライ語聖書に立ち帰るヘブライズムの伝統は、十七世紀、アメリカに渡ったピューリタンにも受け継がれていきます。

メイフラワー号でアメリカに渡ったピューリタンたちは、ハーバード大学を作りますが、そこではヘブライ語も科目として数えられたのでした。その頃の卒業式では、卒業生が、ギリシア語、ラテン語、ヘブライ語で、それぞれ挨拶を述べたと言います。また、プリマスにある、メイフラワー号ゆかりの人の墓の墓碑銘はヘブライ語で書かれています。ユダヤ人というわけではないのですが、聖書に立ち返るという意識の中で、そうしたことをしたのです。

大頭　アメリカのピューリタンの背景にも、ヘブライ的真理があったとは！

ヘブライ語聖書から学ぶ

大頭　先ほどのお話で、過去には、歴史の節目でキリスト教はユダヤ教のもつヘブライ的なものに立ち戻って、本来の姿に修正をしてきた過程があるとお聞きしましたが、そこをもう少しお聞きできるでしょうか。

手島　僕は、ヘブライ語聖書については、ユ

※3 セバスチャン・ミュンスターなど。

ダヤ人からもっと学ばないとダメだと思います。キリスト教会で伝統的に決められた読み方で聖書を読んでいると気づかないことが、ヘブライ語聖書や、ユダヤ教の解釈と対面させ、見比べると、輝きを増すことがあります。

大頭　例えば、どんなことでしょうか。

手島　パウロは、「土の器」という言い方をよくしました。これをユダヤ教のトーラー※4解釈と照らし合わせると、大事なポイントだとわかります。

ユダヤ教の法規では、土の器と、石やガラスの器の材質の違いが、きよめに関して非常に重要な役割をもっています。両者には大きな違いがあって、ガラスの器、石が混じる陶器（磁器）はその中に入れたものが滲《にじ》んで外には出てこないとされます。しかし土の素焼きの器は滲んで外に漏れてくる。それで土の器では、けがれは伝播するとされます。だから法規的には、汚れた土の器は叩き割られて廃棄されます。

パウロは「私たちは、この宝を土の器の中に入れています」（Ⅱコリント４・７）と言いました。これは、神がアダムを土のちりで造った点で、人のことを粘土の土器になぞらえる（「マアセー・ヤダヴ《彼の手の業《わざ》》」）、その預言者の言語と同じです（イザヤ45・11―12、64・８）。つまり神の宝を罪の穢《けが》れに染まりやすい器に入れているという意味でしょうし、さらにいえば、だからこそ、そのキリストの宝が器の外に滲んでしみだしてくるという意味にも読めるのです。

※４ ユダヤ教聖書の最初に記載されている、モーセ５書。

こうした深いニュアンスが背景にあることが、ユダヤ教のトーラー解釈との対比で見えてくるのです。パウロの信仰に肉薄し、イエスの考えていたことをもっと知りたいのなら、ユダヤ・キリスト教の精神文化、ヘブライズムを知ることです。彼らの聖書を読むときのベースを知ることです。

大頭　クリスチャンの家庭に生まれ育った手島さんが、ユダヤ文化を研究するようになったきっかけは何だったのですか。

手島　キリスト教の伝道者であった父が「イエス様は、この箇所をどういうふうに読んだのかな」と呟《つぶや》いていた言葉を子どもの頃に聞き、ずっと脳裏に残っています。イエス様がどう読んだかを探るには、ユダヤ人がどう読んだか、聖書の特定箇所の解釈をめぐり、そこで何が問題にされたのか、ということを知ることです。これは、大きなヒントなのです。

大頭　現代のキリスト教も元気を失っていますが、いま再びヘブライ的要素は必要でしょうか。

手島　そう思います。しかし、それがファンダメンタリズムと混同されると、聖書から湧き出るいのちが失われてしまいます。僕の知っている米国からイメージするファンダメンタリストは、英語翻訳の聖書を開いて、「ここはこういう意味だ」と言い切ります。

しかし聖書の言葉は、ヘブライ語で読むと、人が「ここはこうだ」と言い切れないほど深いし、謎だと思えることが少なくないです。もちろん一定の解釈はあります。しかし、それを絶対化してはいけないというのがユダヤ教の考え方です。彼らの解釈を学べば学ぶほど、それは解釈の一つに過ぎないことを悟ります。僕の恩師ピンハス・ペリーは、トーラーには七十の顔があるとも教えます（『トーラーの知恵』）。中世のラッシー[※5]の解釈も、一つにはこう、もう一つにはこうもある、といくつかの解釈の選択肢を同時に提示することが多いです。

聖書の心を生き抜くために

大頭　手島さんはクリスチャンですか、ユダヤ教徒ですか（笑）。

手島　僕は割礼を受けてないから、ユダヤ教徒ではないですね（笑）。あえて言うなら、ユダヤ・クリスチャンですね。僕は、ユダヤ教とキリスト教の両者を取り持つヘブライズムのスポークスマンでありたいと願ったこともありましたが、自分の実力を見る

※5 Rashi。ラビ・シュロモー・イツハキの略称。11世紀フランスの聖書注解者。聖書テキストの文字通りの意味を追求した彼の注解は、伝統的ユダヤ教の標準的理解を示す。キリスト教の聖書翻訳にも影響を及ぼした。

と(苦笑)……。

でも、あまりに荒唐無稽な旧約聖書の読み方に接するときには、ちょっと待ってくれとヘブライ語文法の伝統から言いたくなりますし、また学者の役割として、新約の中にもある旧約ヘブライの失われた声を代弁し、またユダヤ教が守ってきたヘブライ語聖書(タナッハ)の伝統についてはもっと啓蒙したいです。聖書を語る人には、ぜひヘブライ語に少しでも興味をもっていただき、その原典に込められた息吹を感じてもらいたいですね。

大頭 私は、ギリシア語も、ヘブル語も読めませんが、神の体温を語っています。それは聖書の物語の中に生きる人物を通して、私の中に染み込んでくるものが元になっているように思います。聖書を繰り返し読むと、日本語訳であってもそうしたものが身につくのだと思います。

手島 預言者のヘブライ語は、詩人のような、共鳴・共感・エンパシーの言語でもあります。そのレセプター(受容器)としてやはり感動するハートが大事なのです。ハートが堅いとダメなのです。数学の公式を証明するような気持ちで読んでいては、神の息吹は感じられない。大頭先生のお話には、「神の体温」という言葉が出てきたり、ハートがビートしている聖書の読み方をされるので、実に、ヘブライ的です。

大頭 数か条の信仰箇条で信仰のすべてを説明はできません。アブラハムと一緒に「惜しむ神さま」などを味わう中で、私を作り、人間を作り、信仰を作っていく。そうなるために聖書は物語という形式で長々と書いてあると思います。この物語は、意外性の連続です。だから人間が、「神とはこうである」と言ったとたんに、神はそこからはみ出していく。神が「律法を破ったら死ぬぞ」と言ったのに、破った者が死ななかったこともある。ダビデもめちゃくちゃやっているのに、まだかわいがられている。それを見た人間が「神さま、おかしいじゃないですか。ちゃんとやれというからやっているのに、やっていないやつも助けて」と言う。しかし、神のあわれみとはそういうものなのです。理論ではないから、物語が有効なのです。

手島　大頭先生は、Zoomで聖書の物語について語り合う場を開いていますが、それを見て、僕は、エルサレムでユダヤ人たちが、聖書の個所について、いろいろな思いを語っている安息日の空気と一緒だと思いました。そういう、聖書を愛して自由に語り合う場は、何かうれしくなっていく相乗効果があるのです。講壇の上から、「この聖書箇所はこう読むんだ」と押し付けられるのとは違う。ユダヤ教で聖書を学ぶ学校を「イエシュバー」と言います。この言葉はもともと「座る」という意味です。友人同士がじっくり腰を据えてテキストを真ん中に置いて語らい合うスタイル（ハブルータ＝学習の友人・相棒・仲間）、それがユダヤ的な勉強のイメージです。心開いて聖書を語り合える仲間の中で、本来もっている聖書のいのちと愛が現れてくるのです。ルカの福音書二十四章のエマオ途上の弟子たちの記事を思い出します。

大頭　世界は混迷していますが、ユダヤの視点からどう見えますか。

手島　ユダヤの思想（ヘブライズム）がますます大事になると確信しています。ユダヤ思想とは狭い意味のユダヤ教の解釈だけではなく、ヘブライ語で聖書を読もう、聖書の心に帰ろうとして生まれる新しい発想も含まれるのです。トーラーの大事なメッセージである、神を愛し、人を愛することをお題目だけじゃない、本当の意味で、その精神を今こそ求め（「正義、正義を追求せよ」申命記16・20参照）、それを生き抜かないといけないと思います。それは当時のユダヤ人に対するイエスの訴えでもあり、クリスチャンも共鳴しうるものだと思います。

さまざまな宗教の中で、原典（ヘブライ語聖書）をシェアして読めるのは、ユダヤ教徒とキリスト教徒です。そういう意味で、イエスやパウロの新約テキストも、自分たちのユダヤの伝統の一部だと思えるような時が来てほしいなと思います。ユダヤ人が自分たちの伝統に立って新約聖書を読むなら、僕ら以上に、よくわかるところもあるだろうと思うのです。

大頭　ヘブル語の勉強がしたくなりました。貴重なお話をありがとうございました。

Q「キリスト教って社会の役に立ってる？」

《テーマ　存在意義》

ゲスト回答者
武道家
神戸女学院大学名誉教授
内田樹

《質問》「ウクライナではキリスト教国同士が戦っているし、正直、キリスト教は世の中の役に立つのでしょうか？」

一神教信仰は、成人の宗教

大頭　この問題は、キリスト教主義の大学で教鞭を取られた内田 樹《たつる》先生に聞いてみましょう。

内田先生は、クリスチャンではない立場で長くキリスト教を見てこられました。私は最近、先生の訳書、エマニュエル・レヴィナスの著書『愛の現象学』を、風呂の中で読んでいます（笑）。

内田　ありがとうございます。一日二頁くらいずつ読むといいです。

大頭　そうなんです。難しいので、早くは読めないのです。この本の中で、ユダヤ人のことがいろいろと書かれていますが、本当に不思議な民族だと思います。内田先生が、ユダヤの世界に関心をもたれたのは、フランスの哲学者、レヴィナスがきっかけだったのでしょうか。

内田　そうです。大学ではフランスの哲学を専攻しました。修士論文ではモーリス・ブランショという批評家の文学理論を扱ったのですが、その中でブランショの学友で、深い影響関係にあるエマニュエル・レヴィナスの名前を知り、とりあえず何冊か取り寄せました。最初に読んだのが『困難な自由』で、「ユダヤ教についての試論」というのが副題でした。ユダヤ教についてのものを読んだのはそれが最初でした。ですから、まったくみごとに一行も理解できない。でも、「ここには僕が知るべきことが書いてある」ということについては確信がもてました。

　そこで、わからないままレヴィナスを読みながら、ユダヤ教についての勉強を始めました。その後『困難な自由』の翻訳をすることになりましたが、一九七〇年代ですから、日本語で読めるユダヤ教関係の文献は非常に少なくて、「タルムード」[※1]とか「カバラー」[※2]といった基本的な語でさえ意味がよくわからない。まず銀座教文館のヘブライ語教室に通ってヘブライ語を習い、広尾のＪＣＣ（Jewish Community Center）にアメリカ人のラビがいらしたので、タルムードの訳でわからないところは、彼に聞きにいきました。

　レヴィナスには「タルムードは増殖する書籍だ」とありましたが、意味がわからない。紀元前後にそれまでの口伝律法を文字化した「ミシュナー」というものがあり、

※１ モーセが伝えたとされる口伝の律法。旧約聖書の最初の５書である「トーラー」とともに、ユダヤ教の聖典とされる　※２ ユダヤ教の伝統に基づいた神秘主義思想。

それを核にしてラビたちの解釈が次々と書き加えられてゆくという理屈はわかったのですが、ラビたちの言説を取捨選択したり、編集したりして、定本を作成する主体は誰かがわからない。ラビに伺ったら、後年のラビたちの論争のうち二百年ほどの風雪に耐えてなお語り継がれるものが書き加えられるのだと教えてくれました。どうも僕が

内田樹（うちだ たつる）

1950年生まれ。東京都立大学大学院人文科学研究科博士課程中退。フランス文学者、武道家。神戸女学院大学名誉教授。凱風館館長。主著に『レヴィナスと愛の現象学』、『私家版・ユダヤ文化論』『日本辺境論』など。近著に『レヴィナスの時間論』

知っている伝統宗教とはずいぶん違うもののようでした。ユダヤ教はキリスト教やイスラム教に引き継がれて歴史的使命を終えた宗教だと思っていたら、聖典そのものが増殖している現役の宗教だった。

大頭　ユダヤ理解には当然、神の存在が欠かせませんが、内田先生は神についてはどう考えておられるでしょうか。

内田　日本人の宗教的な感覚で一神教について語るのは困難だと思います。自分がそれまでに用いていた「神」とか「他者」とか「超越」といった語の意味を一度全部忘れて、新しく上書きするしかない。ですから、ユダヤ教について勉強するにつれて、新たな概念を獲得したというよりは、むしろそれまで宗教について自明だと思っていたこ

とがわからなくなった。人知の限界を超えるものの切迫をリアルに感じるためには、もう一度「信じる」という心構えを初期設定し直さなければいけないと思いました。

大頭　日本人クリスチャンは、ご利益主義に走ってしまう人も多いのですが、キリスト教の本質は、願いをかなえてくれるから信仰するのではない。むしろ、世界の破れを神と共に担っていくことが求められるし、そのときに困難を味わうこともあります。そこがわかっていないクリスチャンもいると思いますね。

内田　僕がレヴィナスを読んでいちばん胸を衝かれたのは「一神教信仰は成人の宗教であり、子どもには担うことができない」という命題でした。第二次大戦中にホロコーストで六百万人のユダヤ人が殺されました。戦後、生き残ったユダヤ人の若者の中には、「神はユダヤ人の迫害に天上的な介入をしなかった」ことを理由に棄教する者が出ました。それに対してレヴィナスはこう説きました。「あなたたちはこれまで何を信じていたのか。善行をすれば恵みを施し、悪行をすれば処罰を与えるシンプルな勧善懲悪機能のことを神と呼んで雲の上に飾っていたのか。それは違う。創造主がその名に相応《ふさわ》しい神徳を備えているとすれば、それは神の支援なしに地上に正義を実現できるほどに成熟し得る人間を創造したことである。神なき世界を神を信じて生きることができる人間を創造したことこそが創造の奇跡なのだ」

大頭　それはまさにボンヘッファーの、「神の前に、神とともに、神なきがごとく生きる」と言った言葉に通じます。

内田　一神教信仰とは「神なき宿駅」を歩み続けることです。神の支援抜きで神の意思を地上に実現できる人間たろうとすることです。これは成熟した大人だけが信じることのできる宗教です。ユダヤ教徒は守らなければいけない六一三の戒律がありますが、非ユダヤ教徒は七つの「ノアの法[※3]」を守ればよいとされています。つまり、ユダヤ教徒であることは「特権」ではなく「義務の過剰」なのです。そもそもユダヤ教は伝道・宣教ということをしません。より多くの苦難に耐えるために選ばれた民族なのですから、その「選び」を誰かと分かち合うことはしない。ユダヤ教は世界宗教になるチャンスはありませんが、信者の知性的、感性的、霊的な成熟を支援する仕組みとしてはすばらしくよくできたものだと思います。ノーベル賞はこれまで八百人を超える人に贈られていますが、その二〇%がユダヤ人です。ユダヤ人は千五百万人、世界人口の〇・二%以下ですから、比率からいうと平均の百倍です。

※3 タルムードの中に記されたもので、神がノアを通じて人に与えたとされる戒め。偶像崇拝の禁止、殺人の禁止、性的不品行の禁止など7項目で構成されている。

キリスト教は役に立つのか

大頭　クリスチャンに対しては、どんな印象をおもちですか。

内田　大学で知ったことの一つは、「何かのときに頼りになるのはマルクス主義者とクリスチャンだ」ということでした（笑）。どちらも日本社会では一％くらいの少数派ですけれども、その分孤立無援に対する耐性が強い。自分たちが「正しい」と確信できたことについては、周りが反対しても容易には譲らない。僕がかなり冒険的な企画を思いついても、一度「それでいきましょう」と賛同してくれたら、その一言を守ってくれる。途中で「日和《ひよ》る」ことがない。その点ではまことに頼もしい同僚でした。神戸女学院大学はミッションスクールですから、院長、学長、学生部長、チャプレンといった指導部がクリスチャンですので、政治や市場からの圧力に対して非常に強かった。「信仰の体幹が強い」というのがどういうことか、大学で知りました。そういう社会的評価を積み上げていくことが、この国でキリスト教を強くしてゆくことにつながると思います。

大頭　勇気が湧いてきました。クリスチャンが世界の破れを繕うという意味で、キリスト教は役に立っていると思われますか。

内田　「役に立っているか、立っていないか」という外部評価はあまり意味のないことだと思います。大切なのは「役に立つ」ことより、「ミッションを果たす」ことだと考えればよいのではないでしょうか。堤防に小さな穴が空いていたら、見つけた人が小石を詰めておく。それで次の台風の時に決壊せずに済んで、たくさんの人の命が助かったという場合、その人の功績は誰も知らない。本人でさえ自分が人を救ったことを知らない。「その功績を歌われない英雄（unsung hero）」という言葉がありますが、ミッションを果たす人というのは、そういうものだと思うのです。自分に個人的なミッションがあると感じた人は、綻びがあったら、綻びを繕う。別に誰かの評価を期待してそうするわけではない。だから感謝されることもないし、自尊感情を満足させることもない。でも、綻びを繕う仕事を日常的に、淡々と、当然のように行うのがよき宗教人なんじゃないですかね。

大頭　先生とお話ししていると、自分が生臭いなと思ってきました……（笑）。おっしゃる通りですね。私には私の使命があり、それを丁寧に生きていくことなんだと思いました。

内田　本当を言えば、どこかに綻びができた後にそれを繕うよりも、綻びができる前にちょっと手入れをしておいて、綻びができないように未然に防ぐ方が圧倒的にコストパフォーマンスはいいんです。そういう人たちが無数にいて、彼らの見えない貢献のおかげで人類はこれまで生き延びてきたのだと思います。

大頭　いやあ先生参りました。またどこかでぜひ、ご指導をお願いします。

Q「感染症や貧困問題、戦争に対して クリスチャンは何ができるの?」

《テーマ　教会と社会》

ゲスト回答者　東京基督教大学 名誉教授　稲垣久和

《質問》「今、戦争やコロナ禍、富の格差などで、生活が苦しくなる中、クリスチャンではない人に『神・罪・救い』の福音を伝えても、ちゃんと聞いてもらえません。どうしたらいいですか」

教会の社会的責任と福音

大頭　確かに世界の様子をみると、国連の常任理事国が侵略戦争を始めたり、貧困層が増えたり、コロナ禍が続いたりと、いろいろなことが起こっています。こうした中で、福音派の教会が、魂の救いや天国行きの福音を語っても、「目の前の問題を何とかしてほしい」と思っている人たちの心には届かないという感覚があります。今回は、公共哲学とキリスト教という分野で研究を続けている稲垣久和先生に聞いてみます。

稲垣　冒頭の質問を考えるときに大事なのは、「福音派って何ですか?」とか「そもそも福音って何ですか」という問いなのです。

一九七四年のローザンヌ世界伝道国際会議[※1]の誓約で、伝道だけでなく、教会の社会的責任が謳《うた》われました。私が勤めていた東京基督教大学は、大学自体がその実であり、そこでの会話にもそのテーマがよく出てきました。いまや福音派の教会も、社会的な責任を、自らのアイデンティティとして規定しているところもあるのではないでしょうか。そもそも、福音派とかリベラルとか、そういう分断も問題なのですが、いちばんの問題は福音のとらえ方、それは日本だけの問題ではなく、特にアメリカで顕著ですが、その問い直しが必要です。

「伝道か、社会的責任か」と言うと、これは二元論です。哲学の歴史を見ると、キリスト教出現以前から、ギリシアのプラトン哲学、アリストテレス哲学など、みな二元論なのです。その上にキリスト教も乗ってしまった。しかし、聖書的キリスト教が二元論であるはずはないのです。本来は、「聖書的世界観を回復する」というのが、福音派にとって非常に大事な、切羽詰まった問題だと思っています。その意味で、旧新約聖書全体を貫く、「福音とは何か」と

稲垣久和（いながき ひさかず）

1947年生まれ。東京都立大学大学院博士課程修了（理学博士）。アムステルダム自由大学哲学部、神学部研究員、客員教授を歴任。1990年より東京基督教大学教授（キリスト教哲学、公共哲学）、同大学院教授を務め、現在、同大学名誉教授。著書に『公共福祉とキリスト教』（教文館）など。

※1　1974年に世界150か国以上から福音派の関係者がスイスのローザンヌに集まり、伝道について討議し、ローザンヌ誓約を採択した。

いう問いは、現代的には「ナラティブ」（物語）という言葉で見直されています。創世記から黙示録に至るまでの大きな物語が聖書的世界観だということに反対する人はいないと思います。創造、堕罪、贖罪《しょくざい》、そして終末、というグランド・ナラティブがあって、その中での我々の一コマ、イエス・キリストと共に生きる今日の私の生き方、それを問うていくことが信仰だと思います。

大頭 しかし、教会もクリスチャンも、その大きな物語が見えていないのでは……。

稲垣 そうですね。いま世界は、大きな世界観を失ってしまった、ということが大問題なのです。キリスト教もその影響を受けて二元論的になってしまった。近代以降の思想・哲学が全部そうです。これは科学の発達とも深く関係しています。大きな物語を失って、小さな物語に縮小していく流れにあります。いわゆるポストモダンです。その流れの中で、小さな物語としてキリスト教を語ってみても、「それはあなたがたの物語でいいじゃないですか」と言われて無視される。それでは力など出てこない。

そういう意味で、近代的な世界観に対して大きな物語の復権、つまりキリスト教の創造から終末に至るまでの大きな物語を、いま我々は世に向かって語ることが大事だと思います。語るといっても現代人にわかる言葉での翻訳は必要ですが、いずれにせよ、それがあらゆる意味での現代の混乱、次々と起こる異様な出来事を解決していく糸口になるのではないかと思っています。

壊れた世界を回復する

大頭　イエス様にあっては、言葉と業《わざ》において分離はなかったと言ってよいでしょうか。

稲垣　そうですね。イエス様の登場は、旧約聖書の終わり頃の第二神殿期[※2]です。そしてさまざまな事柄を説き、それがキリスト教の始まりとなった。ヨハネの福音書の最初に、「初めにことばがあった。ことばは神とともにあった。ことばは神であった。……この方にはいのちがあった」（1・1、4）とある。イエス様は、世界創造の前から三位一体の神としておられて、受肉した。そういう大きな物語として見ると、イエス様の登場は、イスラエルの回復であったと同時に、世界の回復、創造の豊かさの回復という意味合いがあった。それがイエス・キリストの福音であり、創造から終末に至る大きな物語の中心にくる出来事なのです。それは旧約以来、新約でも一貫して変わらないテーマだと理解しています。イエス様の登場が世界を変革したということは、その後の歴史をみても明らかです。

そうした視点で読むと、聖書の一字一句が非常に重みをもって、今につながるリアルなこととして感じられてくるはずです。それが「福音とは何か」という問いへの答えだと思っています。こうした理解から、個人の救いのみならず世界の出来事や社会の出来事を解釈していく。そして哲学との対話、科学との対話、芸術との対話、いろいろな分野との対話を通して、本来の意味

※２　廃墟となっていたエルサレムをバビロンから帰還した民が再建した紀元前515年から、紀元70年にユダヤ反乱軍がローマ軍によって鎮圧され、神殿が破壊されるまでの期間。

での福音の豊かさを皆と共有していく。共通の恵みとして証《あか》ししていく、それが我々の生きていく意味ではないかと思います。

大頭　ローザンヌ会議以降、福音派も動き始めていると思いますが、それが子ども食堂でカレーライスを出すといったミクロなところにとどまっているように思います。一方で、主流派（リベラル）の教会では、政治的な問題に踏み込んでいる。教会の業としてどういう在り方が適切だとお考えですか。

稲垣　牧師が、困っている子どもにカレーライスを作るのは素晴らしいことですよ（笑）。ぜひやってほしいと思います。ミクロ、私は「生活世界」という言葉を使いますが、我々の生活世界に起こる困りごとの解決というところから、福祉が出発しています。今では、福祉は国の責任であると、憲法二十五条にも書かれています。だから、福祉なんて教会ではなく国がやればいいんだと考えがちですが、今日の一食を食べられない人に、カレーライスを出す大切さは、イエス・キリストが、「義に飢え渇く者は幸いです。その人たちは満ち足りるからです」（マタイ5・6）と言われたことに通じます。当時の虐げられた人々の解放、政治的・宗教的指導者への批判などをイエス様が語ったということは、実は、福音には政治的解放も含まれているのです。イエス様が語ってから長い年月がかかりましたが、その後、マクロ的にも人類の政治的解放につながった。人権や民主主義の成立ということです。ですから、ミクロ、マクロという見方ではなく、キリストが私たちに命じられていることを忠実に実現することが大切です。

たとえば、よきサマリア人のたとえ（ルカ10章）をイエス様が語った後、最終的に律法に詳しい人との議論の中で（10・37）、「あなたも行って、同じようにしなさい」と言われた。彼は、律法に書かれていることは知っているし、やっていたが、イエス様は「行って、同じようにしなさい」と言った。これは、とても面白い表現だと思います。英語だと「Go and do likewise」となる。命令形じゃないですか。イエス様の我々に対する命令です。イエス様が、傷ついた者に、まずは寄り添って手当をしなさいと命令している。一食すら食べられない貧困の中にいる人をケアする。私は、この命令を「ケア命令」と呼んでいます。大宣教命令（マタイ28章）がありますが、それに並列する意味で、こう呼びました。伝道命令とともに、ケア命令も出ている。両方を含んで宣教命令です。イエス・キリストの福音は包括的です。イエス様と共に歩むというのが、二元論を解消するのです。

かのサマリア人は、傷ついた者を手当てし、自分のロバに乗せて宿屋まで運び、宿屋の主人に料金を払ってケアを託しました。これは共同（協働）作業です。だから教会ですべてをやる必要はない。食べ物のない人にカレーライスを配ることは、まず教会の仕事として問題ない。その人のその後の生活をどうするかは、貧困支援のNPO法人や行政との連携の中で、できる人に託していく。または、教会員の中に支援ができる専門家がいるなら、その人が関わってもいい。そうした方々を通して、教会が社会と連携し、つながっていく。教会がすべてをやる必要はないのです。ミクロはミクロでやれれば、それで万々歳です。多くの教会が、それすらできていない現状は、福音全体の理解が弱いからではないでしょうか。

神様の恵みはクリスチャンでない人をも用いるのです。福音は、信仰の有無にかかわらず人類全体へのメッセージですから、クリスチャンだけがやればいいというものではない。クリスチャンでない人にも、こうした考えを伝えるのが、神学の役割です。「公共神学」という言葉がありますが、クリスチャンでない人を含めて、対話をしていくということが必要ではないでしょうか。

大頭　本当にそうですね。

福音の背景にある共同体

大頭　今回の問いにあるような、困難にある人たちへのアプローチとして、先生が著書でも触れている「共同体の再生」を中心にクリスチャンができることをお聞きしてみたいと思います。

稲垣　それはとても大事な点です。人は、個人主義ではなく、共同体の一員として、生を与えられているという認識が問われます。それは信仰の有無にかかわらず、ほとんどの人がもっている感覚です。

人はまず、一つの家庭に生まれ、それが

共同体の基本となります。そこから、親族、昔なら地域社会と、共同体に所属します。イエス・キリストは共同体の中に来られました。メッセージの背景には常に共同体があったのです。イエス様が語った最も大切な教えは、「神を愛し、隣人を愛せ」でした。隣人は共同体につながります。

マザー・テレサは、ヒンズー教徒の看取りもしました。他宗教の人も人類の一員であり、神から与えられた命を全うするのを助けるために看取るのは、隣人愛の実践なのです。教会もコミュニティであり、一人のクリスチャンというだけでなく、塊としてのクリスチャンという意識が大事です。教会は一つのキリストの体という聖句もあります。まさに体をもった共同体なのです。

クリスチャンでない人にもそれを広げていけば、いろんな意味での共同体が生まれる。自治体、行政体もそうですが、さらに大きな共同体は国家か、あるいは国際連合でしょうか。それが広がっていけば人類という共同体になる。コミュニティでの生活者の感覚は、イエス・キリストの福音に最初から含まれているものだと思います。

大頭　やはり、新約聖書が書かれた当時のヘブル社会を見ると、共同体があったのだと思います。今の日本ではかなり減って、個人主義的になっていますし、新自由主義的な考えが増え、単純な尺度で正しいことが問われなくなっています。

稲垣　イエス様の生きた一世紀のユダヤ共同体と、二十一世紀の日本の共同体は全く異なります。今私たちが基本的に押さえておかなければいけないことは、西欧型共同体と、日本型共同体の違いです。

ヨーロッパでは、初代教会以来、さまざまな歴史的変遷がありましたが、キリスト教会がどんどん伸びていき六～七世紀頃には、特に西欧社会全体が教会型共同体となりました。

では日本はどうか。六～七世紀には大和朝廷が強固になり天皇を中心とした国家を形成しました。基本的には、そのまま現在に至っています。日本にも、戦国時代にキリスト教との接点はあり、一説によると七十万人くらいが改宗しました。価値の混乱期だったせいもあるでしょう。しかし、それが徹底して弾圧されたのは、日本型共同体の強固な価値観があったからだと思います。

この差を理解しないで、福音宣教するのは難しい。「聖書だけがあれば、すべてわかる」ということではありえない。西欧から来た宣教師の方が、日本での宣教でいろいろ努力されて、戦時中に殉教した方もおられる。日本にキリスト教のコミュニティを根付かせるのは至難の業で、地域の牧師さんが苦労をしているのは、まさにそこなのです。

賀川豊彦が示した神の国

稲垣　私は、賀川豊彦[※3]シンポジウムを主催しており、今年で七回目となりました。クリスチャンではない人が多く参加し、そこで

※３ 牧師。大正・昭和時代に労働運動、農民運動、生活協同組合運動などをリードした。神戸の貧民街に住み、困窮する人々を助けた。自伝的小説『死線を越えて』は100万部を超えるベストセラーとなり、その印税も救済活動に投じられた。

は「相互扶助」とか「助け合い」という言葉をよく使います。日本のコミュニティは、特に仏教の影響で、そういう価値観を大切にします。賀川もそれをよく理解して、その上に「神の国運動」を展開した。そういう賀川の考え方に愛着を寄せる方々が、キリスト教への理解がなくても、共感してくれる。

私は、小さな教会共同体が、そうした方々と協働作業をしながら、日本の新たなコミュニティ形成に参与していくと、結果的に福音宣教の大きな前進になるのではないかと思います。

今のところ、教会の地域共同体へのアプローチはバラバラで、カレーライスを作るというところで終わっていますが、一般の地域の生協や農協も、カレーライスの提供はずっと前からやってきたことです。子ども食堂も、もっとシステマティックに、農協や生協とも協働してできたらいいですね。私は、カレーライスを牧師が作るのは大賛成ですが、それが孤独な作業ではなく、地域社会との協働作業に発展していけば、素晴らしいアプローチになると思います。そのうち「牧師さん、今度は聖書の話をしてください」となるでしょう。

大頭　賀川豊彦という人は、特異な天才だと思います。しかし、彼のやっていたことが、どこかで断ち切られた印象があります。なぜでしょうか。

稲垣　それは、賀川の行動が、日本の多くの教会の賛同を得られなかったからです。一部の牧師は協力し、一九二九年から数年間「神の国運動」を共に行いました。それはまさに宣教運動で、全国を行脚しながら伝道集会を開いた。しかし、賀川の考えていた

神の国運動には、もっと広い意味があって、伝道だけでなく、生協運動や農協共済運動、労働組合の立ち上げなどがあった。

後者は宣教にはみえなくても、賀川にとっては皆、神の国運動なのです。それが、キリスト教会の多くには理解できなかった。賀川の伝道集会で決心者が何千人もいたのですが、その人たちはほとんど教会に根付かなかった。賀川は「愛の実践」とよく言いましたが、彼はスラム街に住んで貧困者を助け、共に生きることを語り、聴衆はそれに感動するわけです。そして、「私も教会に行きたい」と思って決心した人が、近くの教会に行ってみると、賀川のような活動をしているところはなく、「何だ全然違うじゃないか」となって離れてしまった。

その意味で、賀川を今どう評価するかは、私には大問題です。賀川の方にも確かに問題があった。むしろ賀川の特徴は、生協や農協、労働組合の相互扶助の精神の基本には、キリストの愛の実践があるということを伝えたことです。

こうした実例から、共同体再生を担うのは、家族であると同時に教会だと思います。教会にはそうした可能性があることを理解すれば、自ずとやるべきこと、やらなくてよいことが見えてきます。

共同作業で他者に任せられることを分別しながら、小さなローカルの教会であっても、十分に福音の豊かさ、可能性を提示していけると思っています。

大頭　教会が世の中と断絶していることは感じます。教勢が落ちている中で、「昔ながらの福音（神、罪、救い）を語らないからダメなんだ」と、私は言われます。一方、一般の会社では、ＬＧＢＴＱ[※4]問題の研修を受けてハラスメントにならないように指導されているのに、教会では牧師が「それは罪です」とだけ言って話を終えてしまう。全然ずれてしまっている。こういうことがあると世の人が本気で教会に関わる気になれないのではないかと思います。若い人と話しても、天国なんかどうでもいいと思っている人もいます。

稲垣　地上生活での問題に関心があって、天国なんかどうでもいい、という思いが確かに世の中にあります。私が先に申し上げた、福音の理解とも関係します。

※４ Lesbian（女性同性愛者）、Gay（男性同性愛者）、Bisexual（両性愛者）、Transgender（性別越境者）、Queer（性自認や性的指向にとらわれない）もしくはQuestioning（性自認を決めない）の頭文字。これらを含む性的少数者の総称でもある。

天国という言葉を、福音派の人たちがどういう意味で使っているかわからないところがあります。例えば、「天国＝極楽浄土」で、そこに行くことだけが、イエス・キリストの「神の国（天国）は近づいた、悔い改めて福音を信ぜよ」という言葉の意味だという勘違いがクリスチャンにもありますす。それは聖書的理解ではありません。天国とは神の国のことです。「天国は近づいた」とは、イエス様自身が神の国をもたらした、ということです。つまり、地上の中に天国が入り込んできたのです。それがイエス様のメッセージです。天国は死んだ後に行く場所ではないのです。

その誤解を捨て、今ここに天国が入りこんでいる、だから我々はイエス様と共に生きるという福音を理解しない限り、悪しき二元論に落ち込んでしまう。

ここを理解しておかないと、日本のキリスト教は、強力な救済宗教である浄土真宗と、ほとんど変わらないものになります。しかし、イエス様のメッセージはそうではないのです。これは、新約の聖書学者の中ではすでに議論していることなのですが、それがなかなか福音派の教会の中には広まっていかないですね。

社会を四セクター論で見ると

大頭　現実生活で困っている人に、福音を説得力ある形で提示できるかは、神の国の理解にかかっているという話を前回までしてきました。それぞれ置かれている場で、愛をもって生きることが大切なのだとも。

では具体的に、「クリスチャンだからできること」とは何なのか。隣人になる力、意見の違う者と対話を続ける力などが思い浮かびますが、今そこが弱くなっていないでしょうか。

稲垣　これまでも言ってきましたが、それは福音の理解の問題なのです。福音というのは、人を創造者なる神様の前に回復させることです。そのためには教会での日常的な働きも重要ですし、説教を語ることも重要です。会社員である信徒が、自分の仕事で業績を上げることも大事なのです。極端にならずに、イエス・キリストの主権の下にということを絶えず考えておくことが大事です。

この問題を考えるとき、「四セクター論」が役に立ちます。第一セクターは行政（国家）、第二セクターは市場（企業）、第三セクターは非営利団体や自治体、そして第四セクターが家族とか宗教団体です（次頁図1）。聖書が示す「イエス・キリストが主権者である」という認識は、我々は主権者ではない、ということを意味します。イエス様から託された部分を自律して行使する主権。よく国民主権といいますが、それはあくまで、国民がイエス様から委託されたものです。これを「領域主権」と呼んでいます。中世のキリスト教社会の行き過ぎは、教会が生活の全領域を支配しようとしたことですが、宗教改革であるべき姿に戻されました。教会も国家も、神から託された役割を行うだ

図1

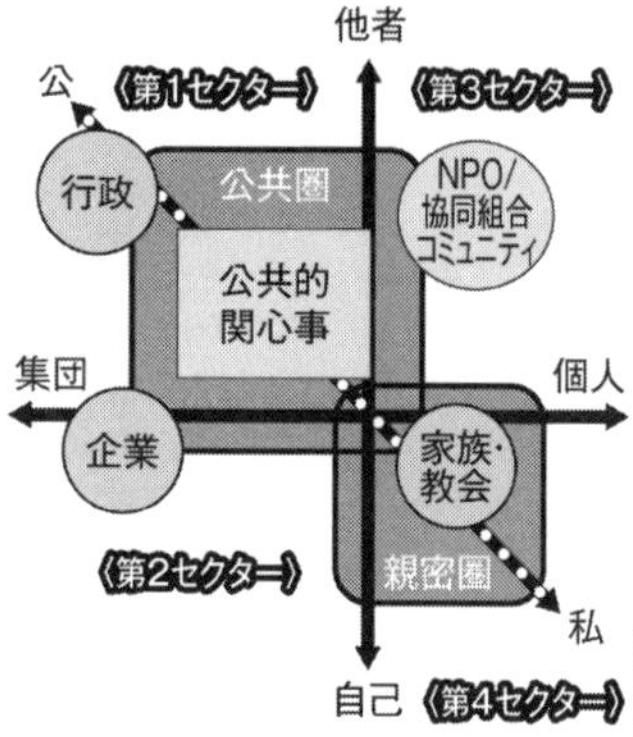

図2

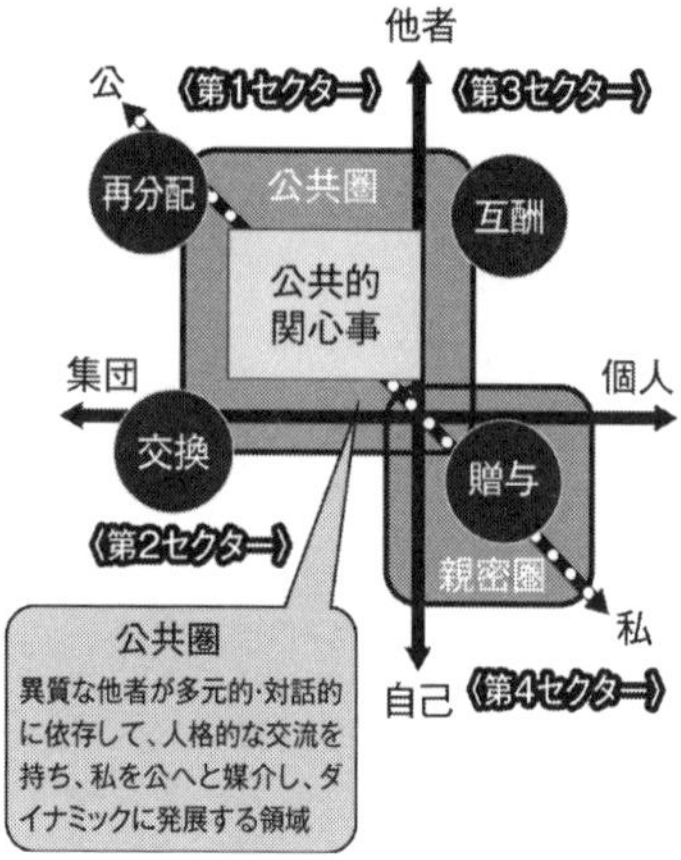

けです。それぞれに託された領域を守り、他の領域を侵犯してはいけないのです。

今の教会に託されていることは、豊かな福音、イエス様の義と愛の福音を人に知らせることです。神の義の到来、これは教会にしかできないことです。そうでないと長い天皇制の下にあった日本国家にたやすく飲み込まれてしまうのです。

今、ビジネスで利益を上げることが貴ばれる社会になっています。本来、企業は第二セクターという限られた領域の中での利益追求をすべきです。それがセクターの境界を越えて無制限に追及され、あらゆる領域を巻き込んで市場化してしまい、人々をマインドコントロールしてしまった。つまり、あらゆるものは金で何とでもなるという世の中に変えてしまったのです。この二、三十年のことです。ある意味、これはカルト的だと思っています。ビジネスが本来守るべき第二セクターの領域を超えています。

ビジネスは、十八世紀のアダム・スミス以来、富の蓄積ということからスタートしました。それによって、生活は豊かになり、近代科学も発展しました。近代科学の急速な発展は富の蓄積と関係していて、十七〜十八世紀の西ヨーロッパの文化形成を特徴づけました。現代のＩＴによるオンラインツールもその実です。富の蓄積は、第二セクターが任された重要な働きでしたが、それは本来、神様の意向に沿い、万人を益するはずであるのに、一部の人だけに富が集中するゆがみが生じています。

ビジネスの分野で儲けるのはよいのですが、蓄積した富が一定以上になったら、公共圏に還元するというのが本来のビジネスのあり方です。アメリカ型の新自由主義よりも、日本の近江商人的な「三方よし」[※5]の考えですね。それが本来の意味での、神様から託されたビジネスのあり方じゃないでしょうか。

第一セクターの国家も領域侵犯をするようになり、行政が情報公開せずに、黒塗りの書類ばかりを出している。政治家も世襲が続いて、江戸時代の将軍家のように、民を利用する政治家に成り下がっている。このように、第一セクターも第二セクターもおかしくなっているなかで、第三セクターや第四セクターの役割が大きくなっている

※５ 中世から近代にかけて活発な商業活動を展開した近江出身の商人の商習慣で、「売り手よし」「買い手よし」「世間よし」の３要素が成立することを旨とした。

と思います。

大頭　第四セクターにある教会に、可能性があるということですね。

ここに教会の可能性あり

稲垣　四セクター論は、カール・ポランニーという経済学者が、『大転換』という本の中で、似たようなものを出しています。それを加味して作ってみたのが図2（162頁）です。行政は再分配、企業は交換（お金と品物）、第三セクターは互酬、家庭は贈与（見返りを期待しない、あげる一方）を行います。家族の愛が贈与であることはわかりやすいですが、イエス様が下さる愛は、互酬ではなく、贈与です。見返りを期待して隣人愛を実践する人は、普通はいない。見返りは神様から与えられるという信仰があります。だから、家族や宗教団体は第四セクターの親密圏に入る。仏教の人も賛成してくれるのが「慈悲」の心です。紀元前後にできた大宗教は、だいたい贈与の倫理観をもっていて、現代にも生きています。その意味で、この四セクター論は、社会学的というよりは、人文科学的、あるいは神学的な意味合いをもっています。

この図の縦軸に、「自己」と「他者」軸があります。自分とは違う考えをもつのが「他者」です。他者軸が立ち上がっていくところに公共圏ができ、右下の親密圏と対照的な位置にあります。これはとても重要で、たとえばヨーロッパでイスラム教徒が増えています。元からの住民の不安は当然増えるのですが、自分たちと違う考え方をする人たちが増えたら､それを認めないと、民主主義は成り立たない。そのとき大事なのは、対話なのです。一方、日本人が得意なのが「以心伝心」です。そこには対話がなく、あうんの呼吸で、親密圏だけで成り立っている。しかし、他者軸が増えていくと、あうんの呼吸が通じなくなります。ほとんどの日本人が日頃密に接する共同体をもたなくなった中で考えを言語化し、言葉で互いに意見を交わし、納得するプロセスがないと、民主主義は成り立たなくなります。

図の中に「公」と「私」が斜めに走っている線があります。「公」は、行政や国家、日本の戦前なら天皇です。「私」は親密圏です。日本では、公私二元論しかありませんが、私は、その中間に「公共圏」を入れるべきだと提案してきました。

この公共的領域での関心事に向けて、教会が何かしらを発信していく。教会は、もちろん第四セクター（親密圏）に属しています。教会の中核は、所属する教会員で構成されている「私」の領域です。

世界は神様が創造したので、四セクター全部が被造世界であり、神様が託した領域主権の中にあり、これが侵犯された場合には教会が預言者的に警告すべきです。教会は、福音をミッションとして宣《の》べ伝えることが基本ですが、必要に応じて時には公共圏に出て行って、他のセクターのクリスチャンではない人とも協働作業すべきです。親密圏で礼拝を行い、時に公共圏に出て行って働くという往復のダイナミズムを教会がもてるといいなと思います。

大頭　四セクター論の説明は、今後の教会が社会とどうかかわっていくのか、日本の共同体の特性分析とも相まって、よき示唆となります。最後に、教会や牧師、信徒に励ましの言葉を。

稲垣　教会に対しては、聖書とみことばです。そして聖書を大きな物語として把握することによって、世界観を形成することが大切だと思います。キリスト教世界観をもって聖書を読んでいくと、神の国がすでに地上に来ていることがわかる。その中で日々、イエス様とともに生かされているという喜びの中で聖書を読む。すると、自分のミッションは何かということを絶えずみことばから教えられ、励まされます。そうやって今日一日が始まる。

教会にはさまざまな専門家がいるので、牧師はその賜物《たまもの》をキリストの体として建て上げる。礼拝を基本にしながら、教会にある秘めた力を、地域に役立てるように発信していく。全国約七千の教会で、イエス様と出会えることはものすごい恵みです。

大頭　教会の可能性は公共分野にあり、領域主権という視点で世の中をみることの大切さも教えていただきました。神さまの前にわきまえをもって生きることが重要ですね。

Q「キリストのために殉教しないとクリスチャンになれない？」

《テーマ　献身》　ゲスト回答者

立川福音自由教会 牧師
高橋秀典

《相談》「聖書に『わたしのためにいのちを失う者はそれを見出《いだ》すのです』（マタイ16・25）とありますが、殉教する覚悟がないとクリスチャンにはなれませんか？」

人を縛るのではなく生かす

大頭　私が仕える教会にも、中学生の時に洗礼を受けようと思った人が、「殉教しろと言われたら、できない」という理由で洗礼を見合わせたことがありました。その後、六十四歳になって受洗したのですが。今回は、東京・立川の教会の高橋秀典牧師に聞いてみます。求道中に殉教って考えたりしましたか。

高橋　僕が信仰に導かれたのは大学時代でした。それ以前に遠藤周作の小説『沈黙』を読んだり、また、日本の殉教の歴史なども見て、クリスチャンになるのはとても怖いことだと感じていました。

その後、アメリカに留学し、アメリカの

信仰者の姿を見たら、まったく印象が違いました。信仰者として生きるとは、死ぬ覚悟をもつことではなく、自分らしく、喜びながら、神に生かされるように生きることだという力強さを見たのです。その時、アメリカ人の信仰者に「殉教が心配だ……」と相談したら、「何でそんなことを心配するの。そんなのその時になってみないとわからないよ」と言われました。殉教に耐えられるかを考えて信仰をとらえるのは、江戸時代以来、一部の日本人の中に染みついているのかもしれません。

僕は、日本社会に根強くある同調圧力の中で生きることから自由になりたくて、クリスチャンになったとも言えます。人目なんか気にせず、「自分はこう生きたいんだ……」ということを全うできる力を信仰の中に感じたのです。

今回の質問の聖句の直前に「自分を捨て、自分の十字架を負って、わたしに従ってきなさい」と命じられています。これは人から称賛されるような生き方ではなく、当時は周りの人から「犯罪人として罵倒されながら生きること」を意味しました。現代的には、「バカだ、愚かだ」と言われながらイエス様についていくことを意味します。これは世間体を気にする日本人の発想を逆転させる教えなのです。

大頭　つまり、この聖句は人を縛るのではなく、自由にする聖句なのですね。

高橋　そうです。人からバカにされても、信じた道を行く。イエス様がそうだったのだから、イエス様についていく者もそうするのです。判断基準を人の評価から、イエス様の評価に変えて生きるのです。

クリスチャンの目標はどこに

大頭　ただ、「自分を捨て」というところが、なかなか徹底できないものですね。

高橋　このテーマの奥にあるのは、私たちは何のためにクリスチャンになるのか、ということです。「救われるため」とか「神の子どもとされるため」などと言われますが、それは「死んで天国に行くため」ということにつながります。その前提となる話としてキリスト教会で言われてきたのが「脅し」です。「そのままだと、お前は地獄に落ちるぞ」と。それに対する恐怖があって初めて、「救われる」という話が出てくる。十九世紀のアメリカでリバイバル運動が起きた時に、その脅しから入った。しかし、地獄の脅しから入るような宣教は、聖書のストーリーではないのです。

大頭　わかりやすさなのですかね。

高橋　私たちは、何のために生きるのでしょう。一生懸命、馬車馬のように働いて、最

高 橋 秀 典（たかはし ひでのり）

1953年、北海道生まれ。北海道大学卒業後、10年間、野村證券勤務。退職後、聖書神学舎を卒業し、立川福音自由教会の開拓に携わる。現在、同教会の牧師を務める。著書に『職場と信仰』『恐怖からの解放者イエス（ヘブル書解説）』『小預言書の福音』『心が傷つきやすい人への福音』などがある。

終的には仕事がなくなって、みんなから忘れられて死んでいきます。もともと人生自体が空しい。この人生の中に本当の意味で、いのちを見出すことができない。それに対して、イエス様についていくことで、いのちを見出すことができるんだと、福音が迫ってきます。

大頭　福音の本質は、いかに死ぬかではなく、いかに生きるか、「生きろ！」というメッセージだと言えるでしょうか。

高橋　おっしゃるとおりです。

欲望ではなく、イエス様を

大頭　イエス様のためにいのちを捨てるとは、どんな生き方なのでしょう。

高橋　聖書の創世記三章によれば、人はエデンの園にあった禁断の木の実を取って食べましたが、それによって、「人は神のようになり、善悪を知るようになった」と記されています（22節参照）。そして、神のようになった人間同士が、自分の欲望に駆られながら、〝神々〟の争いを引き起こしています。しかも、塵《ちり》から造られた人間は、自分の創造主を忘れたことで、塵になって死ぬと聖書にあります。

「なんでこの世の中は弱肉強食なんだろう」「なぜ、勝ったと言っていた人間が、そのうちに忘れ去られ、ただ死んでいくのだろう」。そういう疑問を皆もっていると思います。

それに対して、イエス様が語ったのは、「わたしについてきなさい」ということです。自分を神として競争に勝つことを目指すのではなくて、イエス様に倣った生き方をし、自分の十字架を負うようにと命じられているのです。「十字架を負う」とは、死に向かっていくこと、人からバカにされ、あざけられながら生きていくことです。まさに発想の逆転を迫っている。損得勘定抜きに、自分の使命を生きていこうという意味だと思います。聖書が言っているのは、イエス様についていくことによって、よりよく「いのちを味わう」ことができるということだと思います。

大頭　先生は〝神々〟の争いから降りたのですね。

高橋　実際はリタイアできずに、教会の中で相変わらず〝神々〟の争いをやっていますが（笑）。それがこの箇所のポイントなんですが、私たちはイエス様を信じて、神の子とされるというのは入口にすぎない。その後も私たちは、肉なる自分と、本当にイエス様に従う道の間で葛藤しながら、いつまでたっても完成がない状態にいる。だけど、私たちが、地上で死ぬまで達成することのない目標をもち続けることは、幸いなことだと思います。

聖書の示す信仰は、父なる神に向かっていくのですが、傍らにイエス様が私の兄として私の前を歩いた方としており、私の背後には聖霊様がおられる。そうして三位一体の神に包まれながら、安心感の中で目標を目指して歩むというのが、クリスチャン生活だと思うのです。人間、生きている限り、果たしえない希望をもっているということは、実は、私たちをより謙遜にするし、よりよく生きるものとさせるのです。

破れ口から恵みあふれる

大頭　自分を捨てることは、できないながら、追い続けられるという言い方もできますね。

高橋　繰り返し立ち返る原点があるということだと思います。

大頭　自分を捨てるというのは、きよめ派[※1]にとってはトラウマがあって、自我を磔殺《たくさつ》しろとか、俗なるものから離れろとか言われ、それによって、「何を捨てたか競争」みたいなことも起きる。捨てるということをどう理解したらよいでしょうか。

高橋　ピリピ三章に次のようにあります。「私は、すでに得たのでもなく、すでに完全にされているのでもありません。ただ捕らえ

※１ 人間の原罪を聖霊によってきよめていただこうとするホーリネス運動から生まれた教団、教派。

ようとして追及しているのです。そして、それを得るようにと、キリスト・イエスが私を捕らえてくださった……私は……うしろのものを忘れ、前のものに向かって身を伸ばし」（12、13節）とある。この「前のものに向かって身を伸ばし」「目標を目指して走っている」（14節）という状態が美しい生き方だと思います。大頭先生が例にあげた、きよめ派の問題は、そうした状態を自分で測って、どれだけ達成したか確かめようとしたことです。パウロはこの箇所で、達成したとも、完成したとも言っていません。あくまで、前のものに向かって身を伸ばしている状態こそ美しく、それ自体が本来のきよめられた生き方なのではないでしょうか。それを人間的な基準で「きよめられたかどうか」を測るという話になると、問題なのかなと思います。それは、大頭先生のほうがよくご存じだと思いますが（笑）。

大頭　高橋先生の著書『心が傷つきやすい人への福音※2』にも、私たちの至らなさや破れは、恵みが注ぎ込む窓口になると書いてあって、感動しました。足りないから、お恵みが注がれていくという旅路を、信仰者は歩んでいくんだなと思います。

高橋　ある人が僕の本の評で、「傷ついた癒やし人」としてヘンリー・ナウエンが書いていることをあげていました。イエス様は、自分の傷を残しながら、自分の傷をもって、人の傷を理解できる方なのだと。つまり、自分の中に傷や、傷つきやすさがあるとい

※２ ヨベル。

うことは、人の傷つきやすさや痛みに共感できる窓をもっているということなのです。私たちは、傷つかない強い人間になりたいと考えがちですが、それは違うと思うのです。

大頭　共同体としての救いというのが、まさにそういうことだと思います。弱さや傷口というのは、そこで人々が結びついていく鍵になるのでしょう。〝神々〟が争い合うのではなく、人間が覆い合うイメージだと思いました。

聖書全体の計画を意識する

大頭　前回に続き、質問の聖書のことばについて考えていきます。自分を捨てる生き方の中で、人々を癒やし、自分も潤すいのちの水が湧きあがるということなのですね。

高橋　復活のいのちを今から生きているのです。

大頭　地上でのいのちが死の向こうにある永遠のいのちと連続しているということですね。多くのクリスチャンが高度成長時代に叩《たた》き込まれた、「信じたら天国に行き、信じなかったら地獄」というイメージから脱出できずにいます。

高橋　私たちが知らないうちに誤解していることがあります。皆いろいろと生きにくさを抱えていますが、それに対して、僕は、心理カウンセリング的なことを学び、相談に乗ってきました。ただ、牧会カウンセリングにおいて中心になるのは、イエス様の生き方に倣いたいという気持ちになるかどうかということです。あえて言うと、生きにくさを取り除くというのがこの世のカウンセリングであるのに対し、牧会カウンセラーとして考えることは、どうしたら真のいのちを生きられるか、自分の損得勘定を飛び越えて生きられるかがテーマになると思います。その結果として、思い煩いから解放されていくということはあります。この世的なカウンセリングの観点からいえば、「自分を捨て、自分の十字架を負って」（マタイ16・24）なんて、ありえない。それに対して、今の自分を超えることを優先して考えると、まさにこれこそが、私たちの生き方を新しくする教えなのかなと思います。

大頭　キリストに従うことは、ある意味、生きにくくなるときもありますよね。

高橋　おっしゃるとおりです。損を選ぶこともあるのですから。聖霊様に導かれて、「これやったほうがいいよな。だけど、周りからはやめとけと言われる」ということも、「これ、やらざるをえないんだよな」と決意して進むのは、自分の十字架を負うことかと思います。

大頭　そのためには、聖書の全体計画を自分の中にしっかり定着させせないといけませんよね。

高橋　そうです。聖書が示す救いのストーリーは、世界全体の救いなのです。世界がシャローム（平和）に満ちることが、イエス様が目指している救いのゴールなのです。そのために私たちは何をするかというと、自分を神としたアダムの生き方ではなく、イエス様の生き方にとことん倣うのです。欲望に駆られた「〝神々〟の争い」ではなくて、僕《しもべ》となる生き方によって平和が広がってゆきます。その時、自分にとっては損だとか、周囲から評価されないようなことも当然出てきます。どちらにしても人生には苦しみがつきものですが、無意味な苦しみではなく、「苦しみがいのある人生」を歩むことが大切なのです。

大頭　その福音本来の計画を、クリスチャンや教会がゆがめてしまっている部分もありますね。

高橋　個人の救いばかりが前面に出ているように思います。自分の外側との関係の中で、いま私にはどういう使命が与えられているのかを、クリスチャンがどれだけ自覚しているでしょうか。「世界なんかどうせ焼けてなくなる。イエス様のもとで平安を味わえば、それでいいじゃないか」という個人の救いばかりを追い求めさせるカルチャーになったというのが、おかしなことだと思います。

大頭　それを健全化するには何が大事でしょうか。

高橋　大枠として、聖書は、神が天と地を創造したところから始まって、ゴールは何かというと、「見よ、わたしは新しい天と新しい地を創造する」（イザヤ65・17）です。それに向かって私たちは進んでいるということ。もう一つはエデンの園から始まって、これは礼拝の観点からですが、新しいエルサレムにおいて、神を礼拝する喜びの中に入れられるということ。そうした歴史の始まりと終わりをいつも意識することが大事だと思います。

大頭　そのゴールに視線を向け続けて歩くのが、この地上でのありかたなんですね。

わが神、
わが神
どうして……
わたしを
お見捨てに
なったの
ですか……

高橋　途上でありつづけることに喜びが生まれる。その中で、謙遜になり、互いが互いを必要とする存在なのだということに気づいていけるのです。

大頭　マルコの福音書は、本来、次の節で突然終わるじゃないですか。[※3]女たちは「だれにも何も言わなかった。恐ろしかったから」(16・8)。あれはまさに、人生は終わりのない旅であることを表している、イエスを信じてそれで終わりではない。イエスと共に歩み続け、イエスと共に物語を書き続けるのです。

高橋　大切なのは、詩篇に、「私にとって神のみそばにいることが 幸せです」(73・28)とありますが、神様との交わりの中に

※3 マルコの福音書16章8節後半以降は、補遺もしくは、重要な写本には欠けている。

生きているということ自体が幸せなのだということです。

ただ、そこで注意しなくてはいけないのは、個人的な満足になってしまうと危ないということ。自分に本当に救いの確信があるか、自分は本当に神を身近に感じているか、といったことを自分で測りだしたら、危ないのです。個人的な信仰の満足を測るのではなく、この世の中で葛藤しながら、「ああ神様は私を見ていてくださるんだな」、「こういう苦しみというのはイエス様の御跡《みあと》に従っていく結果として、イエス様が味わった苦しみの後を味わわせていただいているんだな」と、そこはかとなく感じればよいのだと思います。

神の臨在を感じられないとき

大頭　神を遠く感じてしまうとき、それを克服するには、どうしたらよいでしょう。

高橋　詩篇で、救われていたのに、その確信を失うという箇所があります。七一篇六、七節に「私は生まれたときから あなたに抱《いだ》かれています。（中略）私は多くの人にとって奇跡と思われました」と言いながら、すぐに一一節で「神は彼を見捨てた」と周りから言われる。そしてその後「私から遠く離れないでください」（12節）と祈っている。ダビデの信仰が未熟だったから、こうなのではなくて、クリスチャンとして歩むというのは、そういうことだと思います。

大頭　マザー・テレサは、神の不在の感覚に生涯苦しんでいたと、没後に出た本で知られました。なぜそうしたことが起こるのでしょうか。

高橋　マザー・テレサはかつて神の声を聞いて、インドのコルカタの貧民街に飛び込んでいった。スタートの時点で、神の声、あるいはイエス様の声を聞くということは、私たちがこの世の常識を超えるためにとても大切なのですが、働きがレールに乗った時には、そのままではいけなかったと思います。そのままだと、マザーは神の声を聞けるというので、スタッフたちは困ったときはマザーのところに行き、「神様は何と言っていますか……」と聞くようになるはずです。これでは皆の判断力がなくなる。働きが軌道に乗ったときに必要なのは、マザーが引っ込むことです。そのために神様はマザーに対して沈黙をし、神様は他の人を通してマザーに語り掛けたのではないか。そうすることで、働きは共同体の働きになります。マザーは、最終的にイエス様の微笑《ほほえ》みを、病んでいる人や弱っている人の中に見ようとしていました。交わりの中にイエス様を見ようとしたのです。回顧録にもありましたが、「神を遠く感じながらも、なお神を求める。それが聖霊の働きだ」※4という趣旨のことを、マザーを指導した神父が言っています。

大頭　そういうアドバイスをするカトリックの信仰に感銘を受けます。

◆

大頭　今回は、まずキリストの愛と恵みが

※4 Mother Teresa:Come be my light 2007 The Mother Teresa Center P214

あって、しっかり私たちを抱きしめているという温かい感情を、受け取ることができました。

高橋　かつて神学校で学んだ時に、上沼昌雄先生から「何のために救われるのか?」と問うことを教わりました。私たちはしばしば、神様から目的をもって召されている、世界のため、人のために私たちはクリスチャンになるのであって、自分自身のためにクリスチャンになるのではない……ということを忘れているのではないかと思います。「世界のために、私にしかできないことがある、私だからこそできることがある」という視点から、神様の救いの目的を考える必要があります。私の罪が赦《ゆる》されて神の子どもとされるというのは、あくまでも、神の救いの計画のために私が用いられるためなのです。

自分の幸せや、自分が心地よい人間関係を求め、自分にとって都合のよいことを優先して考えるなら、それは全部消えていきます。イエス様は「自分のいのちを救おうと思う者はそれを失い、わたしのためにいのちを失う者はそれを見出すのです」と言われました。イエス様のために生きることで、結果的にその人に必要なものはついてくるのです。

大頭　神さまと違う方向を見ていたものが、同じ方向を見ることで、幸せが得られるのですね。ありがとうございました。

番外編

Q「記事にセクハラ発言があるとの指摘があり、専門家に問題点をうかがいました」

《テーマ　ハラスメント》

ゲスト回答者　日本バプテスト連盟ハラスメント対策委員会 委員長　城倉由布子

心に潜んでいたハラスメント

大頭・金井　連載第一回の初詣の相談[※1]の中で、ぼくたちはセクシャル・ハラスメントをしたというご指摘を読者の方々から受けました。とても傷ついた方もおられました。最初そのことを聞いた時、ぼくたちは「エッ!」と思ったんです。まさか自分がセクシャル・ハラスメントなんてするはずがないって。でもぼくたちの書いたことがその方々に痛みを味わわせてしまったことが怖くなってきました。もっと怖いのは、ぼくたちが自分の恐さに気づいていないということでした。それで、どうしたらいいか、いろいろな人に相談した結果、城倉先生に行きついたというわけです。

城倉先生、今日は先生が相談室長になってください。そして遠慮なくぼくたちのう

※1　本書の元になった連載の第１回目（「百万人の福音」2020年１月号）の記事。求道中の女性からの「初詣に行ってはいけないのか」という質問に回答。86頁参照（ただし、ハラスメント発言は削除してあります）。

ちにある問題を指摘していただきたいんです。初めに自己紹介も兼ねて城倉先生はなぜセクシャル・ハラスメントの問題に関わるようになったのですか。

城倉　私の所属する日本バプテスト連盟と関係の深いアメリカの南部バプテスト連盟が、二〇〇〇年に信仰宣言を新しくしました。その中に「牧師は男性に限られる」という一文が加えられました。私たち日本バプテスト連盟は、このことに抗議声明を送る決議をしました。けれども、日本バプテスト連盟の中にも女性を牧師に迎える教会がとても少なく、差別的な言動さえ見受けられました。

そこで、連盟の中にある性差別を解消しようと有志で勉強会を始め、やがてそれが連盟の中の「性差別問題特別委員会」となっていきました。この働きをしていたために、二〇〇四年にセクシャル・ハラスメント防止相談委員会の設置に関わることになったのです。現在は牧会の現場からは離れましたが、その委員を務めながら、東京女子大学で宗教主事も務めています。

大頭　まず、何が問題だったのかというとこ

城倉由布子（じょうくら ゆうこ）

1995年、西南学院大学神学部専攻科を卒業。松本市で牧師を務めた後、米国、マーサー大学マカフィー神学院で学ぶ。現在、日本バプテスト連盟ハラスメント対策委員会委員長。東京女子大学キリスト教センター宗教主事。

ろから、お聞きしたいと思います。

城倉 冗談がセクシャル・ハラスメントになっているお二人が気づいておられないところです。

意図したセクシャル・ハラスメントではないのだけれども、読む人によっては、ハラスメントに感じられる。ハラスメントの定義は、受けた側が感じたらハラスメントです。ダメな「おじさん」がやっちゃった、というケースです。

ふたり 具体的にはどのあたりですか。

城倉 まず、相談者を「女子」として設定しているところから問題が始まります。ハラスメントは、パワーに差があるところに生じます。ここには「若い女性だから何も知らない」という差別的な前提があって、「だから教えてやるんだ」という構造があります。年上の「男性」「牧師」が入信前の「若い」「女性」に教える、という設定自体に危うさがあります。

金井 大頭室長はこれまで常に権威なき者として権威に挑戦してきました。パワーの無い側に立ってきたのだけれど、今回、自分がパワーのある側であることに気がつかなかったというのは、なんたる不覚……。

大頭 うー。

城倉 そのような設定の中で、「若い」「女性」だから恋愛の話を喜ぶに違いないと思われたことでしょう。※2 でもこれは、からかいであって、セクシュアル・ハラスメントなのです。実際にこのような会話の中で女性たちは、ニコニコするかもしれません。しかしそ

※2 連載掲載時には、相談者の女性が「家族と初詣に行く」と言っているのに、大頭室長は「本当は彼氏じゃないの？　ウリウリ」と、突っ込みを入れた。。

の微笑《ほほえ》みは喜びでも同意でもありません。大抵の場合は場をうまく切り抜けるための処世術として女性たちは使っているにすぎません。軽率に恋愛の話をもちだすことはタブーです。人のプライバシーに立ち入ることだからです。

ふたり　えー。じゃあ、ぼくたちはどうしようもないおじさんですね……。

城倉　はい。だからどうしようもないままでいるか。それとも、少しでも変わっていこうとするか、のどちらかです。

ふたり　変わりたいです！

世界の中でも男女格差が大きい日本

城倉　日本が男女の格差が大きい国であることが、世界経済フォーラムが発表している「ジェンダー・ギャップ指数」からもわかります。二〇一九年の調査で、日本は百五十三か国中、百二十一位で前年よりもさらに悪化してしまいました。ここでは、政治、経済、教育、健康の四部門における男女格差を調査していますが、日本は特に政治における女性の活躍に格差が大きいという結果になっています。意思決定の場に女性がまだまだ登用されていないのです。

教会はどうでしょうか。伝統的な固定化した性別役割論があってリーダーシップや意思決定に関わるのはまだまだ男性が多いのではないでしょうか。そこに男女のパワーの差が生じることがハラスメントの要因のひとつです。

パワーの差はまた、男女だけではなく、

同性どうしでも家族の中でも現れたりします。知識の差、情報量の差、クリスチャン歴の差などなど、いろいろなパワーの差があるのです。

ふたり　ぼくたち、いったい、どうすればいいでしょう……。

城倉　パワーそれ自体は悪いものではありません。パワーは良い用い方をすればよいのです。そのために、状況ごとに少しセンシティブになってパワーを意識してみてください。そうするとだんだんと気づかされて、どのような振る舞いが必要なのかがわかってくると思います。

金井　ぼくらの知っている八〇年代の男女同権は、女性が男性に負けないようにする、という感じでした。

城倉　当時「二十四時間働けますか♪」というCMがありました。そんな社会はおかしい。そんな男性像から男性もまた解放されていく必要があります。女性が、「男性らしく」生きることを目指すことが、性差別をなくすことではありません。「男らしさ」、「女らしさ」、「〜らしさ」ではなく、「その人らしさ」が尊重されることなのです。

金井　今回、ぼくたちの記事によって悲しんだ人が声を上げてくれた。勇気を出して。これはすばらしいことだと思います。申し訳なかったけれどもすばらしいことだと感謝します。だからぼくたちは変わりたいと思うことができたのですから。

城倉　あってはならないことですが、セクシャル・ハラスメントを契機に教会が主の教会になっていく。そういうことが起こっているのだと思います。

大頭　おおー。感動したー。ハラスメントは必ず起こる。でも、それを覆い合い、正し合うキリストのからだでありたい。

城倉　まさにそうなんです。

ふたり　ぼくたちほんとうは修復的司法のようなことが望みなんです。

城倉　修復的司法とはなんですか。

大頭　報復的司法とは逆に、被害者と加害者の関係の修復をめざす解決方です。被害者の方々とぼくたちが顔を見合わせて会う。その方々に、自分の悲しみを語っていただく。それを聴くのはつらいけれど、そのつらさの中で、ぼくたちの中に変化が起こる。

城倉　その考え方はいいですね。過去にも現在にも教会には多くのセクシャル・ハラスメントの被害を受けた人たちがいます。何も言えずに去って行かれた人たちもいますし、現在も苦しんでおられる方々が身近におられるかもしれません。加害者、多くの場合は牧師ですが、加害を認めて謝罪されるケースはほとんどありません。悲しい現実です。

ふたり　ぼくたちが変わっていくその姿が、ダメなおじさんたちが変わっていくひとつの突破口というか、道筋をつけるようなことになったらうれしいです。ずっと変わり続けたいです。

城倉　はい。経過観察させていただきましょう（笑）。

ふたり　ぜひよろしくお願いします。

あとがき
相談室ができるまで　焚き火うちあけ話

大頭眞一

自分が本を書くようになるまでは、著者がねじりはちまきで書いた原稿を、これまた編集者がねじりはちまきで校正する、そんなイメージだった。

けれども、本ができるまでには、編集者の果たす役割がとてつもなく大きい。特にこの本のもとになった、月刊「百万人の福音」で連載した「焚き火相談室」は、ぼくがひとりで書いているわけではないから、担当編集者の砂原さんこと、す、い、すなつちの仕事はとてもたくさんあるのだ。

そこで、あとがきに代えて、相談室ができるまでをすなつちの目線でレポートしてみたいと思う。

【すなつちの編集日記】

焚き火牧師（大頭）から「○○のテーマについて□□さんと焚き火をしたい」とメールがあった。個人的にはおもしろいと思うのだが、「百万人の福音」としては、過激かもしれない。少し考えてみよう。

すると一時間後、焚き火牧師からまたメール。ちがう相手とのちがうテーマの提案だ。こっちはピンときた。ぼく（すなつち）は「焚き火相談室」は、ちょっと変わった聖書入門的な路線を狙っている。焚き火牧師がよそで連載している「焚き火牧師と神の国のひみつ」は、神学的に攻めすぎているし、「焚き火日記」はパーソナルすぎる。そんなことで焚き火牧師の提案の三分の一ぐらいは不採用にしているのだ。おもしろいのは、断っても、焚き火牧師はちっとも気にしないことだ。思いつきで提案しているからかもしれない、とぼくは疑っている。

焚き火牧師にオッケーを出した。夕方、ぼくと対談相手の△△さんに宛てて、焚き火牧師からメールが入った。このスピード感が焚き火牧師の持ち味だ。この人には迷いというものがないように思える。本人は、自分は感覚で動いている、と言うのだが、半分は本当だろう。

ぼくは、「全員に返信」として、焚き火牧師と△△さんに返事を書いた。今回の趣旨と焚き火牧師の原案を汲みながら、ぼくが考えたいくつかの質問。そして、対談の方法だ。対談の方法は、だいたい三種類ある。

最初のころよくやっていたのが、Facebookのメッセンジャーやメールで、どんどんやりとりする対談。これは文字が残るので後で編集するのに便利だ。ただ、タイミングが合わないと間が空いてしまい、対談のリズムか崩れることもある。

焚き火牧師がもっとも得意とするのはやはり、Zoomでのオンライン対談だろう。相手のちょっとしたニュアンスをとらえて、核心に迫っていく嗅覚はさすがだ。そうやって本人たちが思ってもいなかった視点が開けていくことも多い。焚き火を囲んでの語り合いの醍醐味だろう。ぼくはそんなことを考えながら、録画を書き起こすのが好きだ。この作業はたいへんだろうと、焚き火牧師は気にするが、そんなことはないのだ。楽しくてやっているのだから。

そして稀に、対談相手に書き下ろしてもらう場合がある。山﨑ランサム和彦さんの場合などがそうだ。タフなテーマの場合などは、こうした方がよいことが多い。焚き火牧師は、この書き下ろしに、コメントを挿入していくわけだ。

焚き火相談室が始まって三年め。ぼくとしてはかなり満足のいく結果を出せてきたと思っている。（おわり）

◆

ぼく（焚き火牧師）は、ほんとうにすなつちに感謝している。この場を借りてその労をねぎらいたい。またいつもすてきな挿し絵を描いてくれるじょ〜じ先輩（早矢仕宗伯氏）にも。この本によって読者の皆さまが神さまに近づくためのなにかの役に立つなら、ぼくたちの喜び、それにまさるものはない。

著者略歴

大頭眞一（おおず・しんいち）

1960年、神戸市生まれ。三菱重工（株）で14年間勤務後、英国ナザレン神学校・同大学院を経て、関西聖書神学校で学ぶ。現在、京都府の明野キリスト教会と京都信愛教会の牧師。関西聖書神学校講師、焚き火塾代表も務める。ドリーム・パーティー共同発起人。
著書に『聖書は物語る』『焚き火を囲んで聴く神の物語・対話篇』『アブラハムと神さまと星空と』創世記＜上＞（以上、ヨベル刊）など多数。訳書に『神の物語』（マイケル・ロダール著）、『聖化の再発見』（英国ナザレン神学校著、いのちのことば社刊）がある。

焚き火を囲んで聴くキリスト教入門

2023年6月30日発行

著者　大頭眞一と焚き火を囲む仲間たち

発行　いのちのことば社

〒164-0001　東京都中野区中野2-1-5
編集　Tel. 03-5341-6924
営業　Tel. 03-5341-6920
　　　Fax. 03-5341-6921

新刊情報はこちらから

カバー装丁　ロゴスデザイン　長尾優
印刷・製本　日本ハイコム株式会社

聖書 新改訳2017@2017　新日本聖書刊行会

落丁・乱丁はお取り替えいたします。

Printed in Japan

ISBN978-4-264-04406-2